lonely planet

DE CERCA
HAMBURGO

Barbara Woolsey

Sumario

Arriba: perfil de Hamburgo con St. Michaelis Kirche (p. 58).
Abajo: Elbmeile (p. 130).

Explora Hamburgo 33

Guía práctica 143

DESDE ARRIBA: FOTO-SELECT/SHUTTERSTOCK, ALFOTOKUNST/SHUTTERSTOCK

★ Imprescindible

PUESTA A PUNTO

El viaje empieza aquí

Los contrastes de Hamburgo me fascinan. La segunda ciudad más poblada de Alemania pasa de la tosquedad al glamur en unos metros; las mejores partes comprenden la majestuosa Rathaus neorrenacentista y la llamativa Elbphilharmonie cubierta de cristal a orillas del Elba. Por otro lado, Reeperbahn, con sus clubes y bares de barrio, brinda una experiencia intensa por la noche, y hasta después del amanecer. Los excesos muestran la tendencia de Hamburgo a la osadía, la rebeldía y el futuro. Grosera y refinada a la vez, tiene algo para cada viajero.

Barbara Woolsey
@xo.babxi
Escritora de viajes canadiense, reside en Alemania desde el 2013. Cuando no trabaja para Lonely Planet, actúa como DJ en los mejores clubes de Berlín.

Rathaus **(p. 38).**
FOTO-SELECT/SHUTTERSTOCK

LO MEJOR

Vistas panorámicas

La excelencia arquitectónica de Hamburgo surge de la devastación y la restauración: la destrucción del centro en la II Guerra Mundial y la transformación contemporánea del puerto. Desde campanarios a azoteas de rascacielos, hay panorámicas impresionantes por doquier.

Ascender al único vestigio del bombardeado **Mahnmal St. Nikolai,** su altísimo campanario neogótico. Después, descender al museo sobre la guerra en la cripta. (p. 40)

Tomar el ascensor al mirador de la mayor iglesia de la ciudad, **St. Michaelis Kirche** (foto arriba izda.). Las vistas del puerto son insuperables. (p. 58)

Subir por una escalera oculta a la azotea de **Dockland** para obtener una plácida perspectiva del ajetreo del puerto. Es la experiencia panorámica más secreta de Hamburgo. (p. 131)

Conquistar los 300 escalones del monolítico **Hamburg Bunker** (foto arriba dcha.) con vistas emblemáticas: el edificio más alto de Hamburgo, el estadio de fútbol St. Pauli y más. (p. 109)

Visitar el vertiginoso mirador de 360° de la **Elbphilharmonie,** la experiencia panorámica por excelencia de la ciudad. Y es gratis. (p. 89)

Dcha.: Elbphilharmonie (p. 89; arquitectos: Herzog y de Meuron), HafenCity.

DESDE LA IZDA.: SAIKO3P/SHUTTERSTOCK, SON-MEDIA/SHUTTERSTOCK, FOTO-SELECT/SHUTTERSTOCK

LO MEJOR

Gastronomía

Se come bien en prácticamente toda la ciudad, con opciones sencillas y refinadas. El pescado y marisco es la especialidad del puerto: el *Fischbrötchen* (bocadillo de pescado) demuestra que los platos más sencillos y asequibles pueden ser muy sabrosos.

Hacer un "despertar cervecero" –maridaje de cerveza artesana adaptado a las preferencias y comida del cliente– con un sumiller de **Altes Mädchen.** (p. 138)

Degustar el mejor *Labskaus* (estofado de carne, pescado, remolacha y patata; foto arriba) en **Old Commercial Room,** de 1975. Aunque no apetezca el plato más popular de Hamburgo, hay un ambiente agradable. (p. 68)

Probar platos regionales como *Pannfisch* (pescado frito) y *Frikadelle* (albóndigas de carne) en la antigua cantina de estibadores **Oberhafen Kantine.** (p. 96)

Atiborrarse de bocadillos de pescado en el **Fischmarkt:** *Nordseekrabben* (camarones), *Matjes* (arenque joven; foto arriba) o el apreciado *Backfisch* (filete de pescado rebozado; p. 106).

Tocar, oler y probar hierbas y condimentos raros en el **Spicy's Gewürzmuseum.** Este espectáculo olfativo rememora la era comercial de la ciudad. (p. 97)

DESDE LA IZDA.: FOOD IMPRESSIONS/SHUTTERSTOCK, LAPA SMILE/SHUTTERSTOCK

HORST FRIEDRICHS/ALAMY

Mojo Club (p. 119), St. Pauli.

LO MEJOR

Música

La vibrante escena del espectáculo en Hamburgo es sumamente diversa. Desde famosas salas de música clásica a los escenarios más indecentes de St. Pauli, siempre hay obras para todos.

Vibrar con música en vivo y *whisky;* el *jazz underground* de **Mojo Club** siempre encuentra el tono correcto. (p. 119)

Asistir a un concierto en la mundialmente famosa **Elbphilharmonie** para disfrutar en un elegante entorno arquitectónico con acústica de vanguardia. (p. 89)

Recorrer la historia de la música clásica en el **KomponistenQuartier,** visitando casas históricas convertidas en museos sobre Brahms y Mendelssohn y talleres de lutieres. (p. 62)

Desmelenarse con *rock* alternativo, como *indie* o punk, en el prestigioso **Molotow.** Bandas como White Stripes y Black Keys han triunfado tras debutar aquí. (p. 120)

Disfrutar de una gran noche con Verdi o Strauss en la **Staatsoper.** La famosa ópera de Hamburgo ofrece precios razonablemente bajos. (p. 66)

LO MEJOR

Galerías

Famosas galerías de arte y pequeñas salas privadas se entremezclan en la ciudad y crean una escena muy dinámica. La Kunstmeile (milla del arte) ofrece una entrada combinada para visitar cinco galerías contemporáneas.

Admirar obras de artistas como Monet o Warhol en **Hamburger Kunsthalle,** un excelente recorrido del Renacimiento a la Edad Moderna. (p. 43)

Ver 600 000 piezas de artesanía, algunas de hace miles de años, en el **Museum für Kunst und Gewerbe** (foto arriba dcha.), una colección de muebles, porcelana, carteles japoneses y arte pop. (p. 74)

Pasear por los reverberantes interiores de **Deichtorhallen** (foto arriba izda.), con excelente arte moderno.

Un moderno contenedor alberga fotografía mientras se renueva una parte del museo. (p. 47)

Vivir una experiencia contemporánea en el espacio artístico más antiguo de Hamburgo, **Galerie Commeter.** Hay pintura, gráficos y escultura. (p. 48)

Curiosear entre piezas culturales (a veces demasiado) inusuales en el **Harry's Hamburger Hafenbasar & Museum** en un buque amarrado. (p. 95)

Dcha.: Hamburger Kunsthalle (p. 43), Altstadt.

DESDE LA IZDA.: FOTO-SELECT/SHUTTERSTOCK, PHILLIP KRASKOFF/SHUTTERSTOCK, DATENSCHUTZ-STOCKFOTO/SHUTTERSTOCK

KUNSTHALLE

LO MEJOR

Mercados

Hamburgo cuenta con un par de grandes mercados caóticos entre sus atracciones más populares. Por su parte, los pequeños mercados de barrio ofrecen un ambiente agradable y una imagen auténtica de la vida local.

Disfrutar de comida, cerveza artesanal y bandas de música en la terraza de una cervecería en un contenedor en el **Nachtmarkt** (mercado nocturno) del miércoles en St. Pauli. (p. 117)

Aprovisionarse de productos artesanos del **Wochenmarkt** del viernes en St. Georg, también ideal para observar a la gente. (p. 78)

Descubrir el lado menos refinado de Neumarkt en el mercado de **Grossneumarkt,** con gastronetas que sirven platos multiculturales. (p. 67)

Ir en busca de gangas en el mercadillo **Flohschanze** (foto arriba dcha.), con cientos de puestos y almacenes grafiteados, y un ambiente genuino de St. Pauli. (p. 125)

Devorar un *Fischbrötchen* en el **Fischmarkt** (foto arriba dcha.), el mercado más icónico de la ciudad. Aún mejor es llegar a la apertura a las 5.00 tras una noche por St. Pauli. (p. 106)

DESDE LA IZDA.: KRAFT_STOFF/SHUTTERSTOCK, NOPPASIN WONGCHUM/SHUTTERSTOCK

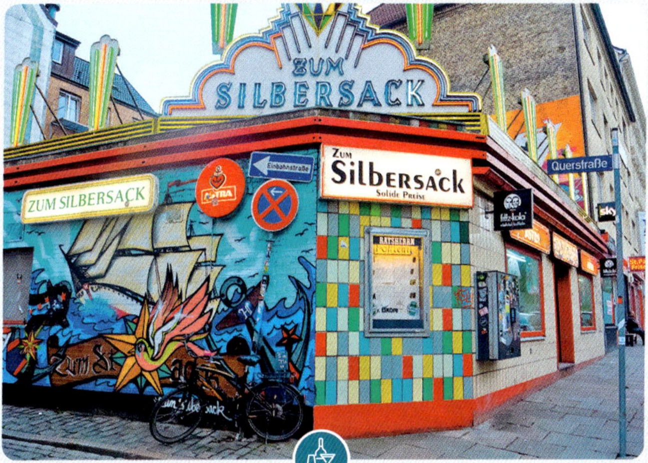

PETER.FORSBERG/ALAMY

Zum Silbersacke (p. 124), St. Pauli.

LO MEJOR

Bebidas históricas

Los rústicos *Kneipen* (bares de barrio) son la piedra angular de la cultura del alcohol, con bebidas económicas y horarios flexibles. Si las paredes hablaran, contarían muchas historias de la vida nocturna del puerto.

Visitar un gimnasio de boxeo donde entrenaban el Campeón del Pueblo y Dr. Puño de Hierro bajo el legendario **Zur Ritze** de Reeperbahn. (p. 117)

Sentarse en la barra del **Gretel & Alfons,** emulando a los Beatles. Cuentan que una vez Paul se escabulló, pero pagó décadas más tarde. (p. 124)

Descubrir lo que (supuestamente) atraía a Putin al **Olivia Jones Bar:** ¿un espectáculo de *drag queens* o *Schlager* (pop alemán)? Incluso puede que esté la icónica *drag queen* y propietaria Olivia. (p. 124)

Pedir el chupito de alcaravea en **Zum Silbersack.** Durante la "Edad Dorada" de la posguerra, lo tomaban las celebridades juerguistas y sus seguratas. (p. 124)

Escuchar *jazz* en vivo en **Mojo Club,** que aparece en el filme *Cocina del alma* de la directora alemana Fatih Akin. (p. 119)

LO MEJOR

Compras

Aunque las tiendas de Hamburgo nunca podrán compararse con su vida nocturna, hay tiendas interesantes y calles comerciales, especialmente para prendas *vintage* y artesanales que llevarse como recuerdos fantásticos.

Pasear entre las muchas tiendas de **Lange Reihe,** en St. Georg. Los artículos de regalo y papelería son magníficos recuerdos. (p. 78)

Visitar la elegante galería **Koppel 66** con locales de arte y artesanía y talleres que venden joyas, cerámica y demás. (p. 79)

Encontrar establecimientos discretos y extravagantes, como **B.Sweet,** especializado en lencería y chocolates caseros. (p. 141)

Comprar una bandera arcoíris LGTBIQ+ o una sudadera con el logo de la calavera y las tibias cruzadas del equipo de fútbol (foto arriba izda.) en la tienda del **FC St. Pauli-Museum.** (p. 119)

Llevarse un recuerdo –joyas hechas de huesos de animales o abalorios de África occidental– del **Harry's Hamburger Hafenbasar & Museum.** (p. 95; foto arriba dcha.)

Comprar joyas cartográficas en **Dr. Götze Land & Karte,** con antigüedades y mapas en 3D que despiertan el espíritu viajero. (p. 53)

Dcha.: Lange Reihe (p. 78), St. Georg.

DESDE LA IZDA.: BLICKWINKEL/ALAMY, STEFAN VATER/ALAMY, SCHOENING/ALAMY

OPTIK
Gurlittstraße
Zone 000
hvv
6 Hauptbahnhof - Speersort - Auf dem Sande (Speicherstadt)
17 Hauptbahnhof - Feldstraße
18 Hauptbahnhof/ZOB
606 Hauptbahnhof - Rathausmarkt
607 Hauptbahnhof - Rathausmarkt - St. Pauli
55

LO MEJOR

Clubes

En Hamburgo es impensable dirigirse a un club nocturno antes de medianoche. Algunos no se animan antes de las 2.00. Suelen cobrar entrada; si no, la cobran con las bebidas.

Perderse en las profundidades de hormigón insonorizado de **Uebel & Gefaehrlich,** en un búnker monumental de la II Guerra Mundial. (p. 111)

Disfrutar con DJ de vinilos e historia de la escena punk en una confortable antigua prisión de contrabandistas en **Golden Pudel Club.** (p. 124)

Bailar entre el gentío del legendario **Molotow** en Reeperbahn, con artistas principales como The Killers y Black Keys, antes de ser famosos. (p. 120)

Disfrutar de la noche entre candelabros y querubines en la sala de baile más elegante de la ciudad, **Docks Prinzenbar.** (p. 117)

Explorar subgéneros electrónicos en **Knust;** antaño un matadero, ahora ofrece música experimental. (p. 117)

Uebel & Gefaehrlich (p. 111), St. Pauli.

DPA PICTURE ALLIANCE/ALAMY

Lo mejor para niños

Sumergirse en el mundo del chocolate en **Chocoversum,** donde la diversión se decora con ecoeducación y se corona con una tableta de chocolate diseñada por el viajero. (p. 49)

Ver el mundo en un pañuelo en **Miniatur Wunderland.** Una maqueta con 1000 m de vías de ferrocarril (el más largo de Europa), aviones aterrizando y el activo puerto de Hamburgo que se mueve en tiempo real. (p. 88)

Simular una aventura en barco con un periscopio y ver 50 000 maquetas de buques en el **Internationales Maritimes Museum.** (p. 87)

Recorrer el **Millerntor-Stadion** de 300 000 plazas, con acceso vip al campo y los vestuarios. Aún mejor es asistir a un partido del FC St. Pauli. (p. 118)

Explorar el restaurado carguero de 10 000 toneladas **Cap San Diego.** Los niños mayores pueden participar en búsquedas del tesoro por el barco y *escape rooms,* o incluso trepar por un circuito de cuerdas. (p. 121)

Lo mejor gratis

Subir en el ascensor más largo de Europa hasta el **mirador de la Elbphilharmonie** con vistas de 360° de la ciudad. (p. 90)

Fascinarse ante el caos matutino del **Fischmarkt** dominical. Bandas de *rock,* subastas y vendedores fanfarrones crean una experiencia carnavalesca. (p. 106)

Admirar una de las mejores vistas del río Elba desde la frondosa colina de **Altonaer Balkon** (Balcón de Altona). Este popular parque, con pintorescos senderos, es ideal para un pícnic. (p. 136)

Pasear por el histórico pueblo de astilleros, Oevelgönne, y visitar el museo del puerto al aire libre gratuito, **Museumshafen Oevelgönne,** con sus buques restaurados atracados. (p. 130)

Emprender la "Ruta de montaña" del **Hamburg Bunker,** que ofrece magníficas vistas de la ciudad e historia de la II Guerra Mundial. El jardín panorámico en la azotea es una grata recompensa a la ascensión. (p. 109)

Tres días perfectos

Cada barrio del centro tiene su propio carácter y atractivo. Como la ciudad es compacta, se pueden visitar en pocos días.

Fischmarkt (p. 106).

PRIMER DÍA

Si solo se dispone de un día

MAÑANA

Se empieza en Altstadt (casco antiguo) desayunando en el **Café Paris** (p. 52), admirando el **Rathaus** (p. 38) y el **Chilehaus** (p. 46), antes de visitar el **Mahnmal St. Nikolai** (p. 40; foto arriba) por su museo y fabulosas vistas.

TARDE

Tras pasear por la pintoresca **Deichstrasse** (p. 46), se almuerza en **Deichgraf** (p. 47). Se baja hasta el **Landungsbrücken** (p. 130) y se toma el ferri turístico por el puerto.

NOCHE

De nuevo en Altstadt, se saborea una cena alemana en **Gröninger Privatbrauerei** (p. 48) seguida de un cóctel en **Le Lion** (p. 53), música en vivo en **Cascadas** (p. 50) o unas cervezas en **Biergarten Speersort** (p. 49).

SEGUNDO DÍA

Un fin de semana

MAÑANA

Tras pasear y comprar por **Lange Reihe** (p. 78), con un desvío a **Koppel 66** (p. 79), se regresa a la calle principal para un *brunch* en una terraza.

TARDE

Se dedican un par de horas al **Museum für Kunst und Gewerbe** (p. 74), que abarca desde la Antigüedad al *art nouveau*.

NOCHE

Se sale por Reeperbahn, un rito de paso. **Grosse Freiheit** (p. 116; foto arriba) es la mejor zona para ir de bares; hay **espectáculos de 'drags', cabaré** o **música en vivo.** Se alarga hasta las 5.00 para ir al **Fischmarkt** (p. 106) a por un *Fischbrötchen* (bocadillo de pescado), la mejor cura para la resaca.

TERCER DÍA

Una escapada

MAÑANA

A primera hora de la mañana la luz juega en las fachadas de cristal de la **Elbphilharmonie** (p. 89); además, no hay aglomeraciones.

TARDE

Se pasea por los almacenes de Speicherstadt y se almuerza en **Deichstrasse** (p. 46). Se camina hasta el **Mahnmal St. Nikolai** (p. 40) para ver las ruinas del patio y admirar el **Chilehaus** (p. 46; foto arriba), reconocido por la Unesco, o se visita el museo de arte **Hamburger Kunsthalle** (p. 43), que requiere un par de horas.

NOCHE

Se toma el tren a **Lange Reihe** (p. 78) en busca de compras eclécticas y un aperitivo antes de cenar en un patio. Se termina con la *happy hour* diaria de **Kyti Voo** (p. 83), de 17.00-20.00.

Con más tiempo

Se dedica la mañana a explorar las joyas ocultas de Neustadt. Se empieza con un paseo por **Jungfernstieg** (p. 66) a orillas del lago, y luego se visitan los museos de música del **KomponistenQuartier** (p. 62) y las maravillas barrocas de **St. Michaelis Kirche** (p. 58), desde la torre al enorme santuario y la cripta funeraria secreta.

Tras un sofisticado almuerzo de varios platos en **Matsumi** (japonés moderno; p. 68), **Petit Bonheur** (gastronomía francesa; p. 68) o **Lusitano** (portugués auténtico; p. 68), se admiran las arcadas del **Alsterarkaden** (p. 61) y se cruza el canal hasta el **Rathaus** (p. 38), donde se hace un circuito guiado por sus laberínticas salas (si el horario lo permite) o se descansa en el patio oculto junto a la fuente.

Se toma el tranvía hasta la estación Feldstrasse de U-Bahn y se sube al jardín de la azotea del **Hamburg Bunker** (p. 111) al atardecer. Se cena en **Giovanni Rocco** (p. 123) y, si aún quedan fuerzas, se va de copas por **St. Pauli Eck** (p. 124).

Alsterarkaden (p. 61).

POWELL'SPOINT/SHUTTERSTOCK

Una excursión

Se pone rumbo a la estación Hamburg-Altona para ver las eclécticas tiendas del discreto distrito de Ottensen. Se almuerza en **Café Mikkels** (p. 140) o se toma un rápido *Fischbrötchen* en **Atlantik Fisch** (p. 140).

Se sube al ferri hacia Museumhafen Övelgönne; tras un paseo de 15 min junto al río, se puede tomar el sol en la suave arena de **Elbstrand** (p. 130).

Al atardecer se pasea por **Övelgönne** (p. 133), un antiguo pueblo de pescadores y astilleros que rebosa encanto histórico. Los veleros amarrados frente al museo del puerto ofrecen una maravillosa vista crepuscular. Se regresa en ferri (20 min) a **St. Pauli** (p. 130; foto arriba).

En un día de lluvia

Es fácil pasar un día en los almacenes convertidos en museos de Speicherstadt y otras atracciones interesantes, muchas con vistas al canal. **Miniatur Wunderland** (p. 88; foto arriba) garantiza alegremente que el visitante perderá la noción del tiempo. Merece la pena ir temprano al museo; por la tarde es una casa de locos.

Se puede saborear la historia marítima de Hamburgo a través de una visita sensorial única e inmersiva, con los aromas de la torrefacción de café en el **Kaffeemuseum Burg** (p. 97) o una inusual mezcla de condimentos en el **Spicy's Gewürzmuseum** (p. 97).

Se pueden conseguir entradas de última hora para la **Elbphilharmonie** (p. 89) u otras salas de conciertos en EventBrite *(eventbrite.de)*, XCeed *(xceed.me)* y Resident Advisor *(ra.co)*.

Prepararse

ANTES DE PARTIR

Tres meses antes Buscar ofertas de hoteles y reservar habitación. Consultar el programa de la **Elbphilharmonie** (p. 89).

Un mes antes Reservar el restaurante de alta cocina más prestigioso de Hamburgo, **Table** (p. 100), sobre todo si es fin de semana.

Una semana antes Reservar circuitos como el del **Rathaus** (p. 38). Comprar las entradas para evitar colas en **Miniatur Wunderland** (p. 88).

Costumbres

Antes de fotografiar a personas (en especial niños), pedir permiso para evitar quejas.

Hablar en voz baja en iglesias y sitios históricos, y respetar los vagones silenciosos (Ruhewagen/Ruhebereich) de los trenes.

Al aparcar la bicicleta, dejar espacio para otros usuarios. Los patinetes eléctricos deben circular por el carril-bici y dejar la acera libre al aparcar.

"Entrada gratis" en clubes y bares

Cuidado con la "entrada gratis" en locales de la zona de Grosse Freiheit de St. Pauli y Reeperbahn; el entusiasta personal de puerta seduce a los paseantes sin mencionar el mínimo obligatorio de bebidas (normalmente 25 €) una vez dentro. Hay que preguntar en la barra cuánto cuestan las bebidas; un par de cócteles aguados pueden costar 100 €.

Conviene saber

Cierre dominical Las tiendas y supermercados cierran el domingo; solo abren los cafés y algunos restaurantes y colmados. Las tiendas de Hauptbahnhof (estación principal de trenes) son la excepción.

Delitos menores Cuidado con los carteristas, en particular por Reeperbahn y St. Pauli de noche. Hay que atar la bicicleta con candado y no dejar el casco.

Efectivo En general se aceptan tarjetas, pero los pequeños negocios (quioscos, panaderías y *pubs*) y puestos del mercado prefieren efectivo. Conviene llevar siempre unos euros.

Basura Tirar basura no está bien visto y puede comportar multas. En caso de alojarse en un edificio de apartamentos, hay que separar papel, plástico y residuos generales en cubos distintos. El domingo no hay basuras (es el día de descanso, o *Ruhetag*).

PROPINAS

En Alemania, las propinas reflejan el tipo de establecimiento y la satisfacción del cliente.

- **1-2 €** — **Hoteles** por día
- **5-10 %** — **Restaurantes**
- **Redondeo al euro** — **Bares** redondear al euro
- **10 %** — **Taxis**

PRESUPUESTO DIARIO

Económico **Menos de 100 €**

- Albergue o habitación privada: **20-40 €**
- Comida económica: **hasta 8 €**
- Museos: **gratis-10 €**

Medio **100-200 €**

- Apartamento privado o habitación doble: **60-100 €**
- Cena en un buen restaurante: **50-60 €**
- Par de cervezas en *pub* o cervecería: **8 €**

Alto **Más de 200 €**

- *Loft* elegante o habitación doble en hotel exclusivo: **desde 150 €**
- Almuerzo y cena formal en un restaurante de primer nivel: **100 €**
- Entrada de concierto u ópera: **20-150 €**

Moneda
euro (€)

Idioma
Alemán

Hora local
Hora central europea (UTC + 1)

HAMBURG TOURISMUS GMBH

CONSEJO

La **Hamburg Card** *(hamburg.com; 1 día 11,90 €)* ofrece entradas de museos, teatro y circuitos por el puerto con descuento y transporte público gratis (ferris del puerto incluidos). Se compra en línea y conviene consultar qué incluye para aprovecharla al máximo.

Cuándo ir

Nunca es mal momento para visitar Hamburgo. Los hamburgueses no hacen caso del mal tiempo, y esa indiferencia es contagiosa.

La previsión del tiempo es muy variable, cambia de soleado a *Schmuddelwetter* (gris, lluvioso, ventoso) con increíble rapidez. Pese a ello, esta ciudad portuaria no es desapacible para el viajero. Siempre es un buen momento, y los cielos nublados incluso realzan los melancólicos paisajes marítimos. Verano (jun-ago) es temporada alta, pero otras épocas tienen sus ventajas: temperaturas moderadas y menos aglomeraciones, por ejemplo.

Festivales de artes escénicas

Abril: el **Hamburger Kabarett-Festival** (Festival de Cabaré de Hamburgo; p. 119) lleva más de tres décadas en marcha. El programa nocturno, que dura casi un mes, a veces hasta bien entrado mayo, es extenso, pero siempre es fabuloso.

Junio: el festival **Elbjazz** se celebra durante tres días desde el 2010, con conciertos en sus diversos escenarios excepcionalmente evocadores y diminutos clubes de *jazz*.

Agosto: el **German Burlesque Festival** abarca desde *burlesque* a *boylesque drag*. La fiesta inaugural del 2025 contó con la participación de la mismísima reina del pin-up, Dita Von Teese. Además, hay exposiciones sobre aspectos escénicos como el maquillaje, los trajes y la coreografía.

Septiembre: el **Reeperbahn Festival** (p. 119) invade el famoso distrito rojo de Hamburgo en otoño. Durante cuatro días, miles de visitantes internacionales acuden

Clima

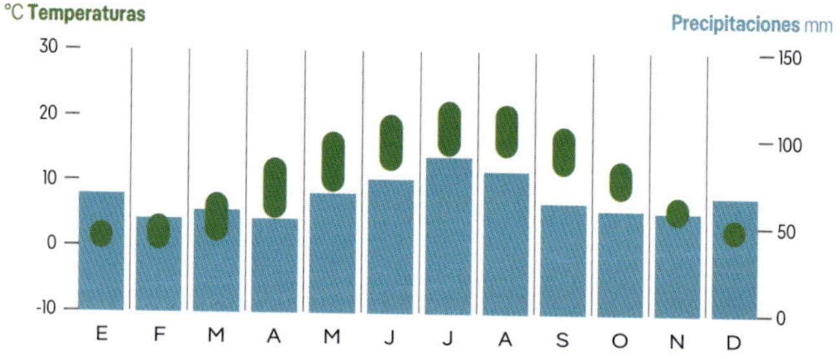

LAPA SMILE/SHUTTERSTOCK

Hamburger Dom (p. 111).

a la ciudad para ver música en vivo y actuaciones en clubes.

Solo en St. Pauli

Marzo: creada en 1329, la feria **Hamburger Dom** (p. 111) se celebra durante un mes tres veces al año (también en julio y noviembre) junto al Hamburg Bunker.

Julio: el **Schlagermove** (p. 119) honra el género musical *Schlager* (*trash*-pop popular alemán). Todo el mundo se viste como en la década de 1970 para celebrar las canciones disco-pop alemanas del *Schlager* original. Se festeja por todo el barrio, desde la zona portuaria a Reeperbahn.

Septiembre: Spielbudenplatz acoge el **Food Truck Festival de St. Pauli** (p. 118) durante cuatro o cinco días a principios de septiembre y a mediados de mayo.

Noviembre: de mediados de noviembre al día de Navidad, Spielbudenplatz alberga un **mercado navideño** (p. 118) muy acertado para Reeperbahn con juguetes clasificados XXX, vino caliente, espectáculos de *striptease* y "porno karaoke".

CONSEJOS SOBRE ALOJAMIENTO

Hamburgo cuenta con hoteles excelentes para todos los bolsillos, incluso los más económicos. Es esencial reservar entre los meses de junio y septiembre, así como en las principales fiestas y festivales. Aunque es fácil moverse por los barrios, las distancias son grandes; es recomendable elegir bien la ubicación.

Cómo llegar

Hamburgo está bien conectada en avión y tren con el resto del país y otros destinos. En general, los viajeros llegan al aeropuerto internacional de la ciudad vía Fráncfort, Múnich o Berlín.

Del aeropuerto al centro

Tren

La estación de S-Bahn del aeropuerto de Hamburgo conecta directamente con el centro. Se toma la línea S1 (la única que hay) a Hamburg Hauptbahnhof (estación central), desde donde hay conexiones de autobús, tren y tranvía a toda la ciudad. Pasa cada 10 min de 5.30 a 1.00. Desde el aeropuerto a la Hauptbahnhof se tarda 25 min y el billete cuesta 3,90 €.

Los billetes se compran en las máquinas expendedoras del andén o a través de la *app* del operador de transporte público de Hamburgo **HVV** *(hvv.de)*.

Taxi

Un trayecto desde el aeropuerto al centro cuesta 20-30 € y requiere unos 20 min (más con tráfico denso, por supuesto). Los taxis esperan en el exterior de las terminales 1 y 2.

Vehículo compartido

Las autoridades de Hamburgo se han puesto serias con estos servicios. No es fácil encontrarlos en la calle, pero se puede intentar reservarlo con antelación.

Otros puntos de entrada

Estación central

La Hamburg Hauptbahnhof es el principal nodo de transporte, donde llegan trenes directos de alta velocidad de Deutsche Bahn desde Berlín (2 h), Colonia (4 h), Fráncfort (3½ h) y Múnich (5¾-7 h). También hay varios servicios directos diarios a Copenhague (Dinamarca; 5-6 h).

FlixTrain opera rutas directas desde Berlín y Fráncfort a Hamburgo (pero los trenes son mucho más lentos: 3 y 7½ h respectivamente).

Cruise Center Altona

Hamburgo es un puerto de cruceros popular. No hay servicios internacionales de ferri a Hamburgo; las salidas más cercanas son desde Kiel.

Cómo desplazarse

Para el *Spaziergänger* (paseante) insaciable, Hamburgo es un sueño. Caminar es la mejor manera de visitar la ciudad, y el centro se puede recorrer fácilmente a pie. No obstante, merece la pena adquirir la Hamburg Card, que ofrece transporte público ilimitado. Es ideal para explorar zonas menos visitadas, y las piernas lo agradecerán.

A pie

El centro es compacto, pero las extensas zonas residenciales también valen la pena. Es aconsejable organizarse estratégicamente, especialmente si se prevé visitar algún museo. La excelente red de transporte público permite ahorrar mucho tiempo y energía, sobre todo al final de un largo día.

Bicicletas y patinetes eléctricos

Con la **StadtRad Hamburg app** *(stadtradhamburg.de)* se pueden usar las bicicletas rojas de siete marchas aparcadas en estaciones de carga. Los primeros 30 min de cada trayecto son gratis; después se paga 0,10 €/min o 24 €/día. Las bicicletas se pueden subir gratis en los trenes de S-/U-Bahn y autobuses los fines de semana y fuera de las horas punta los días laborables (6.00-9.00 y 16.00-18.00) y en los ferris a todas horas.

Hay patinetes eléctricos de pago por uso por toda la ciudad, pero hay que tener en cuenta las numerosas zonas donde está prohibido aparcarlos (marcadas en rojo en la *app*) para terminar el trayecto. Los patinetes deben aparcarse

ARRIBA: MANUEL J. SACHSE/SHUTTERSTOCK, ABAJO: WERNER SPREMBERG/SHUTTERSTOCK

UNA 'APP' ESENCIAL

La *app* **HVV** *(hvv.de)* ofrece la planificación de rutas más actualizada y billetes digitales.

legalmente (no bloquear aceras); la ciudad puede retirarlos y enviar una multa por la *app*.

Vehículos de alquiler y compartidos

Conducir por Hamburgo es fácil: las calles están bien señalizadas (en el centro, algunas calles son de sentido único) y hay muchos aparcamientos. En el centro se cobran unos 4 €/h o 28 €/día. Algunos hoteles ofrecen aparcamiento privado o descuentos. Al aparcar en la calle suele haber un límite de 2 h.

Vale la pena registrarse en *apps* de vehículos compartidos (Cambio, Greenwheels, Flinkster), donde se paga por trayecto según la distancia o minutos. Es necesario tener el permiso de conducir verificado antes de viajar (puede requerirse un permiso internacional). Los vehículos de Cambio suelen llevar sillas infantiles; si no, hará falta tener una.

Taxi y Uber

Los taxis color crema de Hamburgo son fáciles de encontrar. El número de Taxi Hamburg es 040-666 666. Debido a la normativa local, los vehículos Uber son limitados.

Transporte público

HVV opera toda la red de transporte público de Hamburgo: U-Bahn, S-Bahn, tranvías, autobuses y ferris de pasajeros. El billete sencillo es válido para un trayecto continuo hasta 120 min tras la validación; se pueden hacer transbordos durante 2 h, pero el mismo billete no sirve para regresar. Los billetes se validan en la máquina naranja antes de subir.

Información esencial

Trenes y tranvías

Los trenes frecuentes de U-Bahn (cuatro líneas) y S-Bahn (seis líneas) son la manera más sencilla de moverse por la ciudad. Son fáciles de usar; en caso de duda, se puede preguntar a otro pasajero.

No hay mucha diferencia entre los dos servicios, aunque los U-Bahn suelen ser más frecuentes (cada 10 min) que los S-Bahn (cada 10-20 min). Muchas líneas de U-Bahn y S-Bahn se cruzan y son las que conectan los barrios; los tranvías son más prácticos para distancias más cortas y ahorrarse caminatas por el centro.

Autobús

Los autobuses públicos recorren toda la ciudad, pero pueden ser confusos si no se sabe adónde se va.

Ferri

La red de ferris de pasajeros es una manera fantástica de recorrer la ribera y es más barata (y auténtica) que los cruceros turísticos por el puerto. Los billetes son los mismos que los de HVV. Circulan por todo el Elba y entre HafenCity y Altona.

Horarios y horas punta

El servicio de autobuses y trenes funciona de 4.00 a 24.00 entre semana y las 24 h los fines de semana y vísperas de festivos. De 12.30 a 4.00 de domingo a jueves circulan autobuses nocturnos menos frecuentes (vale la pena llamar un taxi). Los ferris navegan de 5.30 a 23.15, en general, cada 15 min.

La hora punta es antes de las 9.30 y de 16.30 a 18.30. Los fines de semana, el transporte no va tan lleno, pero los ferris son más populares.

PRECIOS

Billete sencillo
3,90 €

Pase adulto de un día
7,80 €

Hamburg Card de un día con transporte público ilimitado
11,90 €

HAMBURG CARD

La **Hamburg Card** *(hamburg.com)* incluye transporte público ilimitado, además de algunas atracciones, así que merece la pena.

BILLETES

Los de tren se compran en las máquinas de las estaciones; los de autobús al conductor. Si se compran vía la *app* (o, aún mejor, se adquiere un pase diario), se ahorra tiempo. Suele haber colas en las máquinas expendedoras, sobre todo en hora punta y en las estaciones más concurridas (Reeperbahn, Hauptbahnhof).

En las estaciones de trenes no hay torniquetes, pero los revisores realizan controles aleatorios a bordo y ponen multas. Los billetes de tren son los mismos que los de autobús y de U-/S-Bahn y se pueden comprar en máquinas expendedoras en casi todas las paradas.

ZONAS

A

La ciudad está dividida en zonas. La zona A abarca el centro, los barrios interiores y el aeropuerto. Las máquinas de billetes y la *app* calculan la zona correcta cuando se introducen las estaciones del trayecto.

Otra cara de Hamburgo

El mayor puerto de Alemania es famoso por sus almacenes, pero tiene mucho más que un interesante pasado mercantil.

Cervecerías artesanas

Hamburgo posee una de las **escenas de cerveza artesanal** (p. 138) más activas, experimentales y altamente colaborativas de Europa. Las instalaciones de distintos fabricantes ubicadas en enormes almacenes –en zonas residenciales fuera del centro– organizan visitas guiadas y catas en cervecerías.

Wildwuchs Brauwerk, primera cervecería ecológica certificada del país, está en el pujante distrito sostenible de Wilhelmsburg (p. 58). La popular **Landgang Brauerei** tiene una sala de catas hecha de contenedores. En el restaurante **Altes Mädchen** (p. 138) de Schanzenviertel, ofrecen maridajes de cerveza artesanal con los platos y preferencias del cliente, escogidos por el sumiller de cerveza de la casa.

Clubes clandestinos

La vida nocturna abarca una ecléctica variedad de locales con fascinantes vidas anteriores. Hay almacenes reencarnados en clubes nocturnos (como los templos del *techno* **NCTS** y **Südpol**) y fábricas convertidas en salas de conciertos: **Knust** (p. 117) era un matadero y **Fabrik** (p. 139) una factoría. Pero el ciclo kármico de la vida nocturna no es nada industrial; **Docks Prinzenbar** (p. 117) era un teatro barroco que ahora alberga la pista de baile más bonita de la ciudad; **Golden Pudel Club** (p. 124) es toda una institución de DJ con vinilos en una antigua prisión de contrabandistas; y la antigua tienda de mascotas **Hijack** se ha reencarnado en una animada galería de arte-club.

Sin embargo, lo más inolvidable es bailar al son del bajo en el búnker de la II Guerra Mundial **Uebel & Gefaehrlich** (p. 111) o

FUERA DE RUTA

Deleitarse con objetos peculiares de los viajes de un marino en el **Harry's Hamburger Hafenbasar & Museum** (p. 95).

Probar cocina tradicional en la **Oberhafen Kantine** (Cantina del Puerto; p. 96) junto al puente.

Trepar por cuerdas a bordo del **Cap San Diego** (p. 121), un carguero histórico atracado en el Elba.

A la hora de comer, bailar en el barco **Frau Hedi** (p. 121), donde reina la música disco.

IMAGO/JÜRGEN RITTER/ALAMY

Altonaer Balkon (p. 136).

brincar con música metal y funk psicodélico en el pesquero de Alemania Oriental de 1964 **MS 'Stubnitz'.**

Peculiar y tecnológico

La historia del comercio marítimo de Hamburgo, y por tanto de ideas globales y tecnología, ha generado un par de museos dedicados al lado más curioso de la ciencia.

El **Deutsches Zusatzstoffmuseum** (Museo Alemán de Aditivos Alimentarios; p. 98) arroja luz sobre los aditivos de la industria alimentaria. El **Medizinhistorisches Museum** (Museo de la Historia Médica; p. 98), en el Hospital Universitario de Hamburgo, custodia un peculiar tesoro de instrumentos médicos. Estetoscopios, figuras de cera y otros objetos trazan la evolución de la atención hospitalaria desde el s. XIX hasta hoy.

Vegetación inesperada

Hamburgo no es todo riberas y buques. Buscar sus infravaloradas zonas verdes resulta muy placentero. Estas verdes extensiones ofrecen gran variedad de paisajes y ambientes. A orillas del río, el adorado **Park Fiction** (p. 122) de St. Pauli es poco convencional; las palmeras de plástico y el césped tipo "alfombra voladora" fueron diseñados por los residentes. **Altonaer Balkon** (p. 136) ofrece una perspectiva diferente del puerto desde las panorámicas alturas de la colina. En el muy edificado HafenCity, **Baakenpark** (p. 98) es una apacible escapada a las hordas de turistas.

BRUCKE 3
GROSSE
HAFEN-
RUNDFAHRT
KASSE

Explora Hamburgo

Circuitos a pie

Elbmeile (p. 130).
JAN HENDRIK/SHUTTERSTOCK

Sugerencias de lugares para comer, beber y comprar en **p. 52**

Explora Altstadt

Repleto de monumentos arquitectónicos, con impresionantes fachadas marítimas reconstruidas tras la destrucción de la II Guerra Mundial, es el corazón histórico de la ciudad. Pero es también un moderno centro urbano por el que se pasa una y otra vez. Y brinda una visión auténtica de la vida local; a diferencia de otras ciudades alemanas, tiene mucho que ofrecer tras las visitas turísticas. El antiguo barrio de mercaderes rehúye las clásicas trampas para turistas y acoge atractivos cafés, cautivadoras cervecerías y restaurantes para todos los bolsillos. Se necesita al menos un día para recorrerlo.

Cómo desplazarse

A pie
Altstadt es suficientemente compacto para explorarlo a pie y, si aprieta el cansancio, se puede usar el transporte público. El Chilehaus está 10 min a pie de la Hamburg Hauptbahnhof.

Transporte público
El barrio está bien comunicado con el resto de la ciudad con U-Bahn, S-Bahn y tranvía. Una manzana al sur del Chilehaus está la estación de U-Bahn Messberg.

Bicicleta
Es una buena opción, excepto por algunas calles adoquinadas.

★

LO MEJOR

ENIGMÁTICO AYUNTAMIENTO
Rathaus (p. 38)

ARQUITECTURA DE LA UNESCO
Chilehaus (p. 46)

FAMOSO MUSEO DE ARTE
Hamburger Kunsthalle (p. 43)

IGLESIA DEVASTADA POR LA GUERRA
Mahnmal St. Nikolai (p. 40)

ANTIGUO BARRIO DE MERCADERES
Deichstrasse (p. 46)

Chilehaus (p. 46).
TALJAT DAVID/SHUTTERSTOCK

A
B
C
D
1
2
3
4
5
6
0
400 m
Más información
Imprescindible P. 38
Experiencias P. 46
Comer P. 52
Beber P. 53
Comprar P. 53
Binnenalster
Jungfernstieg
Jungfernstieg
Jungfernstieg
Hanseviertel
Hohe Bleichen
Grosse Bleichen
Poststr
Neuer Wall
Ballindamm
Alsterfleet
Alter Wall
Bleichenbrücke Adolfsbrücke
Bergstr
Hermannstr
34
18
Hamburg Walks
Bucerius Kunst Forum
8
Rathausmarkt
Galerie Commeter
6
10
St Petri Kirche
Rathaus
Rathaus
Grosse Johannisstr
Adolphsbrücke
Adolphsplatz
Alsterfleet
Alter Wall
31
27
23
Rathausstr
2
Schmiedestr
Schauenburgerstr
Kleine Johannisstr
Pelzerstr
Domstr
Adolphsplatz
Graskeller
Mönkedamm
Börsenbrücke
Ness
Grosse Reichenstr
Brandstwiete
Grosser Burstah
Rödingsmarkt
Kleiner Burstah
Trostbrücke
Brodschrangen
Zollenbrücke
Gröninger Privatbrauerei
11
Hopfenmarkt
Willy-Brandt-Str
Mahnmal St Nikolai
Deichstrasse
Deichstr
Holzbrücke
Grimm
Steintwiete
29
24
4
28
25
3
Deichgraf
32
Neue Gröningerstr
Katharinenbrücke
St Katharinen Kirche
Reimerstwiete
Katharinenstr
Mattentwiete
Cremon
Katharinenkirchhof
Zippelhaus

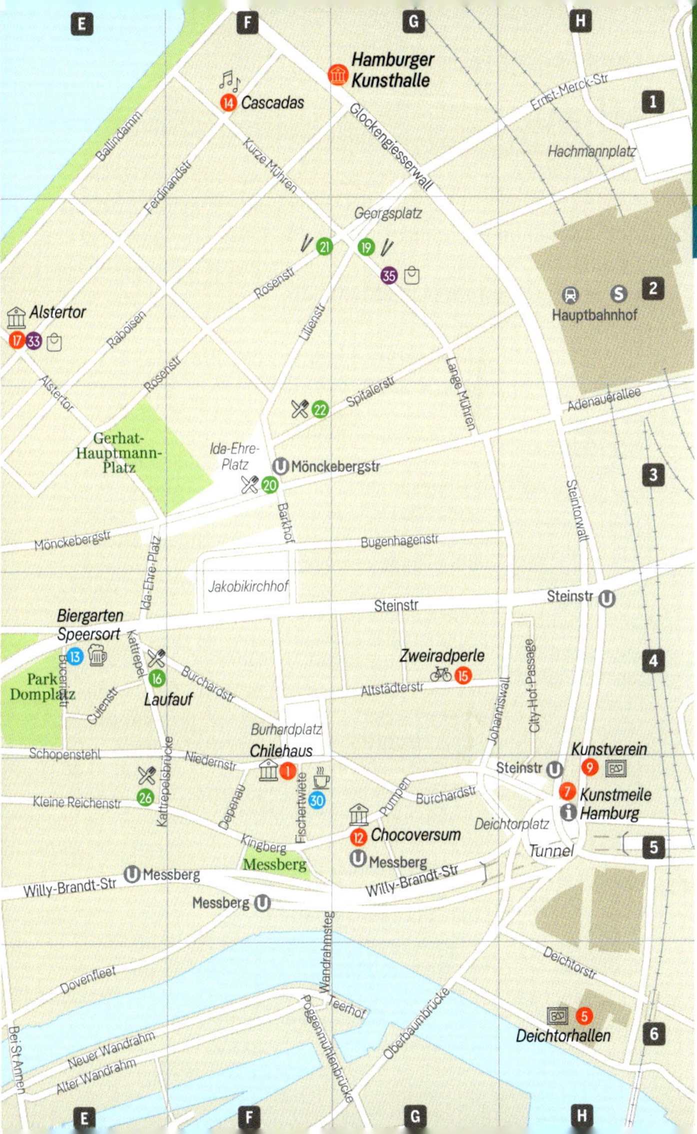
E
F
G
H
1
2
3
4
5
6
Hamburger Kunsthalle
14 Cascadas
Glockengiesserwall
Ernst-Merck-Str
Hachmannplatz
Ballindamm
Ferdinandstr
Kurze Mühren
Georgsplatz
21
19
35
Hauptbahnhof
Rosenstr
Lilienstr
Alstertor
17 33
Raboisen
Rosenstr
Alstertor
Lange Mühren
Spitalerstr
22
Adenauerallee
Gerhart-Hauptmann-Platz
Ida-Ehre-Platz
Mönckebergstr
20
Steintorwall
Barkhof
Mönckebergstr
Bugenhagenstr
Ida-Ehre-Platz
Jakobikirchhof
Steinstr
Steinstr
Biergarten Speersort
13
Kattrepel
16
Laufauf
Burchardstr
Zweiradperle
15
Altstädterstr
Johanniswall
City-Hof-Passage
Park Domplatz
Bucerius
Cuxienstr
Burhardplatz
Chilehaus
1
Schopenstehl
Niedernstr
Kunstverein
9
Steinstr
26
Kattrepelsbrücke
Depenau
Fischertwiete
30
Pumpen
Burchardstr
7 Kunstmeile Hamburg
Kleine Reichenstr
Deichtorplatz
Kingberg
12 Chocoversum
Tunnel
Messberg
Messberg
Messberg
Willy-Brandt-Str
Willy-Brandt-Str
Messberg
Wandrahmsteg
Deichtorstr
Dovenfleet
Teerhof
Oberbaumbrücke
5
Poggenmühlenbrücke
Deichtorhallen
Bei St Annen
Neuer Wandrahm
Alter Wandrahm
E
F
G
H

★ IMPRESCINDIBLE

Rathaus

La casa consistorial, de 1897, es un suntuoso conjunto de joyas neorrenacentistas interiores y exteriores. Su espacioso patio "oculto" es uno de los lugares más maravillosos de la ciudad para relajarse. Sus grandiosas salas laberínticas, algunas aún en uso, se visitan en un circuito guiado.

PLANO P. 36 **C4**

CONSEJO
Al final de la tarde es buena idea acercarse a la ribera. Ver a residentes y otros viajeros subirse a los botes frente al Rathaus iluminada es una imagen memorable.

Escanea el código QR para reservar un circuito guiado.

Arquitectura, historia y circuitos

Como la mayor parte del centro, el Rathaus fue devastado por el gran incendio de 1842. El ayuntamiento actual, reconstruido a finales del s. XIX, es muy diferente de su modesto predecesor medieval. Se consideró que el recargado estilo neorrenacentista armonizaba a la perfección con los edificios circundantes de Neustadt y simbolizaba un puerto próspero.

Coronada por una torre de 112 m, en la fachada destaca su bonito balcón, sobre el que se ve a Hammonia, la diosa protectora de Hamburgo, y el escudo de armas de la ciudad. La entrada principal, con una elaborada puerta de hierro forjado, tiene un techo soportado por columnas de arenisca.

Los **circuitos** recorren las más famosas de sus 647 laberínticas salas. En la web oficial de la ciudad *(hamburg.de)* figuran los días en que hay circuitos en inglés, a las 11.15, 13.15 y 15.15. En alemán son diarios, normalmente cada media hora (menor frecuencia de noviembre a marzo).

Gran Vestíbulo y patio

El **Gran Vestíbulo** cuenta con 16 imponentes columnas de granito, talladas en distintos tipos de piedra procedentes de todo el Imperio alemán. Enmarcan mosaicos en paredes y suelos que conmemoran la unidad nacional y la historia marítima de la Liga Hanseática.

SAIKO3P/SHUTTERSTOCK

Al cruzar el vestíbulo, se accede a un palaciego patio interior, de entrada libre. Unas mesas y sillas confortables rodean una fuente adornada con una figura de bronce de Higía, diosa griega de la salud, en homenaje a la última gran epidemia de cólera en Alemania de 1892.

Salas ceremoniales

El circuito pasa por la **Sala del Emperador** (Kaisersaal), llamada así en honor a la visita del káiser Guillermo II en 1895. El salón de la torre adyacente aún se usa para ceremonias.

El súmmum del esplendor del Rathaus es el **Gran Salón de Baile,** de casi 50 m de longitud. Enormes pinturas relatan 1200 años de historia de Hamburgo.

También se visitan salas gubernamentales activas como la Cámara del Senado (no hay ventanas, solo un techo de cristal; según la tradición alemana, los consejos solo se celebran al aire libre) y el Salón del Alcalde, donde se puede firmar el Libro Dorado.

UNA PAUSA

El elegante **Café Paris** (*cafeparis.net;* P. 52), una maravilla del *Jugendstil (art nouveau)*, es excelente para comer o tomar un café a cualquier hora, pero destaca por sus desayunos.

★ IMPRESCINDIBLE

Mahnmal St. Nikolai

Enorme y conmovedor, este monumento medio en ruinas es uno de los más emblemáticos de la ciudad, con un monumento conmemorativo de la guerra y una torre con vistas espectaculares. Esta combinación de historia solemne y experiencia inspiradora le confiere un efecto especial.

PLANO P. 36 **B5**

CONSEJO
Es recomendable llegar lo más pronto posible, pues se forman largas colas durante el día y la capacidad del ascensor es limitada.

Escanea el código QR para información sobre eventos como conciertos de carillón.

Arquitectura e historia

Antes una de las iglesias neogóticas más altas y opulentas de Hamburgo, su construcción se inició en 1195 y duró varias décadas. En 1943 quedó reducida a escombros en minutos por un bombardeo aliado. El ataque y el consiguiente incendio lo destruyeron todo menos el campanario. Aunque hoy cueste de imaginar, la iglesia de San Nicolás fue el edificio más alto del mundo entre 1874 y 1876. De hecho, sigue siendo el segundo edificio más alto de la ciudad (tras la torre de televisión que se ve en el horizonte, cerrada al público). Sus ruinas son a la vez magníficas y profundamente turbadoras.

Magnífico ascensor de cristal

Lo que más impresiona a muchos visitantes es el **ascensor de cristal** que sube hasta una plataforma del campanario a 76,3 m con una gran panorámica del centro.

Desde las alturas, las amplias e imponentes vistas muestran claramente la vocación marítima de la ciudad, y el perfil del puerto -con barcos y siluetas- contrasta con la Elbphilharmonie (p. 89),

SERGEYPHOTO7/SHUTTERSTOCK

característica de una época, que acapara toda la atención. Para la mejor perspectiva, conviene subir lo más tarde que permita el horario para ver la ciudad bañada en una luz dorada.

El esbelto campanario octogonal es lo único que queda de la iglesia. Los ornados arbotantes y arcos ojivales neogóticos de la estructura rinden homenaje a las catedrales francesas. El campanario abierto permite ver la ciudad, pero la campana guarda silencio en homenaje a las víctimas de la guerra.

Museo de la cripta

La **cripta,** en un lado del vestíbulo (antes santuario principal de la iglesia), alberga una exposición en el sótano sobre los horrores de la guerra centrada en tres sucesos de la II Guerra Mundial: el bombardeo alemán de Coventry

UNA PAUSA
Al otro lado de la calle principal (Willy Brandt Strasse), **Deichstrasse** (p. 46) es una parte preservada del antiguo barrio de mercaderes con muchas opciones gastronómicas.

OPERACIÓN GOMORRA
En 1943, durante ocho días y siete noches, este ataque incendió el centro de Hamburgo, incluida la iglesia de St. Nikolai. El bombardeo, una ofensiva combinada de británicos y estadounidenses, iba dirigido a la ciudad portuaria porque era un importante centro de construcción naval. Causó más de 35 000 víctimas mortales, dejó a un millón de personas sin hogar y destrozó la economía de la ciudad durante varios años.

UWE ARANAS/SHUTTERSTOCK

en 1940; la destrucción por parte de Alemania de Varsovia en 1944; y la Operación Gomorra, el bombardeo combinado de las fuerzas británicas y estadounidenses sobre Hamburgo de 1943.

Ruinas del patio

El **patio en ruinas** también marca un fuerte contraste con la estimulante experiencia del mirador. Recorrer los muros de escombros y arcos derruidos –restos de la bóveda de la catedral, preservados tras el bombardeo en vez de reconstruirla– consolida la función actual del monumento como monumento de guerra (foto arriba). Aunque no se pague para subir a la torre, se puede entrar en el patio, donde se muestran exposiciones itinerantes gratuitas de fotografías de guerra y arte social.

★ IMPRESCINDIBLE

Hamburger Kunsthalle

La pinacoteca más prestigiosa de Hamburgo, la **Hamburger Kunsthalle** *(hamburger-kunsthalle.de; adultos/niños 16 €/gratis)* es también una de las mejores del país.

PLANO P. 36 **G1**

Maestros antiguos y siglo XIX

El punto de partida cronológico del museo atesora sus obras más preciadas. Entre los numerosos ejemplos de trípticos religiosos y obras sacras alemanas, destacan algunos nombres europeos: Lucas Cranach el Joven, Francisco de Goya y Lucientes y Peter Paul Rubens.

Algunos de los nombres más importantes del arte europeo del s. XIX también están representados, como Edgar Degas, Caspar David Friedrich, Max Liebermann, Édouard Manet, Claude Monet y Auguste Rodin. Destacan obras como *Niños bretones bañándose* de Paul Gauguin y *Caminante sobre el mar de nubes* de Friedrich.

CONSEJO
La galería cierra los lunes. Está abierta hasta tarde el jueves por la noche y es más barato, pero hay mucha más gente.

Modernismo clásico

Esta galería está dedicada al arte desde finales del s. XIX y principios del XX hasta la década de 1970, época caracterizada por la ruptura con las tradiciones artísticas. Se exponen obras de artistas de la talla de Francis Bacon, Max Ernst, Paul Klee, Edvard Munch y Pablo Picasso. La *Madonna* de Munch y *Revolución del viaducto* de Klee ejemplifican los diferentes estilos de la galería.

Gegenwart y arte contemporáneo

La colección de arte contemporáneo del museo ha encontrado el hogar perfecto en la cúbica Galerie der Gegenwart, con obras de Gerhard Richter (considerado el mayor artista vivo de Alemania) y de estrellas internacionales como Jeff Koons y Andy Warhol.

Escanea el código QR para más información sobre las exposiciones.

CIRCUITO A PIE

Corazón histórico de Hamburgo

En Altstadt todas las épocas históricas de Hamburgo se cohesionan a la perfección. Con un animado ritmo contemporáneo, el corazón histórico de la ciudad también preserva y celebra acertadamente las reliquias del pasado. Este es un paseo por cientos de años de historia entre sus dominios gastronómicos y arquitectónicos.

INICIO	FINAL	DURACIÓN
Chilehaus	Gröninger Privatbrauerei	450 m; 30 min

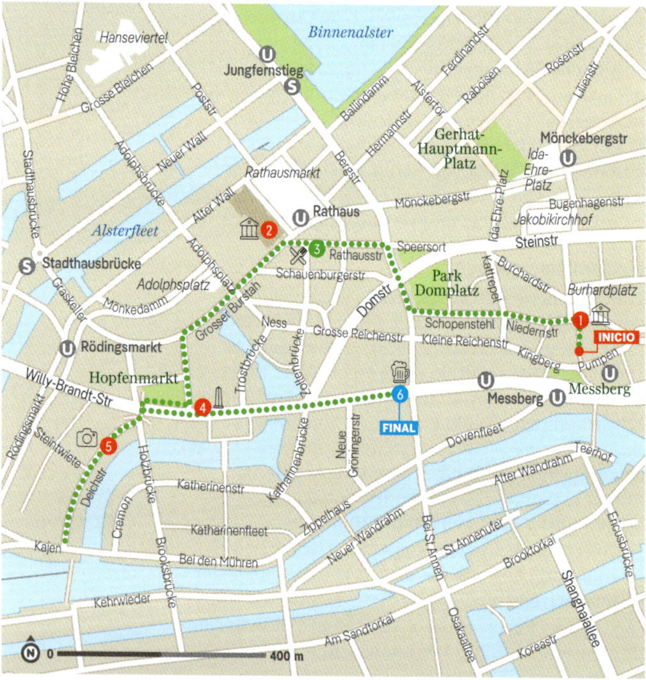

1 Belleza en forma de barco

Entre los edificios A y B del **Chilehaus** (p. 46), Patrimonio Mundial de la Unesco, se obtiene la mejor perspectiva. Se identifica fácilmente la forma de barco de la estructura gótica de 1924, un impresionante ejemplo de lo que queda del Kontorhaus de Hamburgo (comercio mercantil). El interior de estos espacios comerciales no se puede visitar, pero tampoco merece la pena; esas grandes superficies industriales que combinaban oficinas y almacenes ahora son consultorios médicos y agencias.

2 Sede del poder

Se pone rumbo al **Rathaus** (p. 38) para admirar el deslumbrante Gran Vestíbulo y -quizá su mayor atractivo- un patio al aire libre lleno de asientos públicos. Tras echar unas monedas a la fuente de la diosa Higía para tener suerte, se puede observar a las parejas que posan para sus fotos de boda. La mejor hora para visitarlo es pronto por la mañana, cuando la fachada se ilumina con luz dorada, o al atardecer para una melancólica foto de larga exposición.

3 Parada en la 'brasserie'

En una antigua carnicería de 1882 con baldosas espectaculares y un salón adjunto *art déco*, el elegante y tranquilo **Café Paris** (p. 52) sirve excelentes clásicos de *brasserie*, como *croque-monsieur* y *steak tartare*. También es ideal para un delicioso *café au lait*.

4 Iglesia en ruinas

Antaño el edificio más alto del mundo, el **Mahnmal St. Nikolai** (monumento de San Nicolás; P. 40) ahora es todo ruinas salvo el campanario. Aunque no se suba al mirador (vale la pena) o se visite el museo de la cripta, hay que cruzar la entrada delantera y pasar el ascensor hasta el patio exterior, que acoge exposiciones especiales junto a las ruinas.

5 Antiguo barrio de los mercaderes

Se pasea por **Deichstrasse** (p. 46), donde varias casas del s. XVIII delatan el antiguo canal y el barrio de mercaderes. Ahora hay excelentes restaurantes, como Nord Coast Coffee Roasters (p. 53) y uno de los mejores de la ciudad, Deichgraf (p. 47).

6 Cervecería histórica

La mejor manera de terminar el paseo es sentarse en la mesa comunitaria de una de las cervecerías más antiguas de la ciudad y tomar un estimulante trago de 200 años de historia cervecera en **Gröninger Privatbrauerei** (p. 48). También sirve comida alemana tradicional.

EXPERIENCIAS

Maravillarse en el Chilehaus ARQUITECTURA MARÍTIMA

PLANO: 1 P. 36 **F5**

Esta belleza de ladrillo y cobre es uno de los edificios más hermosos de la ciudad, la estrella del distrito **Kontorhaus** (p. 47), el barrio de mercaderes reconocido por la Unesco. En forma de trasatlántico, el edificio tiene notables paredes curvas que forman lo que parece la proa de un barco, con balcones escalonados a modo de cubiertas. El arquitecto Fritz Höger lo diseñó para un mercader que hizo fortuna comerciando con Chile. Los visitantes ocasionales no son muy bienvenidos en el interior (los inquilinos actuales son oficinas privadas), pero lo interesante es el exterior.

Se aconseja rodear el edificio con un capuchino del Palang Good Coffee (p. 53), entre los edificios A y B del Chilehaus.

En la esquina de Fischertwiete con Pumpengasse se obtiene la mejor vista de la silueta en forma de barco.

Comprar recuerdos del equipo de fútbol RECUERDOS

Los fans del fútbol encontrarán camisetas, gorras y otros productos del equipo más famoso de Hamburgo, Hamburger SV o HSV (Kevin Keegan jugó en la década de 1970), en **Hamburger SV City StorE** (PLANO: 2 P. 36 **D4**). La tienda insignia de Altstadt tiene de todo y más con el logo del HSV. Cierra el domingo.

Entrar en una iglesia de piratas SANTUARIO MARÍTIMO

Con vertiginosas paredes de ladrillo visto blanco, impresionantes vidrieras y una altísima nave de 29 m, el interior de la **St. Katharinen Kirche** (PLANO: 3 P. 36 **C6**; *katharinen-hamburg.de; gratis*) parece una brumosa mañana marina. No es de extrañar que fuera famosa por acoger a los marineros. Cuenta la leyenda que se construyó sobre un tesoro pirata. Tras 12 años de restauración terminada en el 2019, la iglesia luce como nueva. Además de la nave, destacan un reluciente y soleado órgano en el que tocó Johann Sebastian Bach y adornos dorados supuestamente pertenecientes al legendario pirata Klaus Störtebeker.

Hay una entrada lateral menos solemne en el tranquilo Grimm. Tras la visita, se puede cenar bajo la imponente sombra de la iglesia en el adyacente Nardo's (p. 52).

Pasear por el barrio de los mercaderes ARQUITECTURA NOSTÁLGICA

El gran incendio de Hamburgo de 1842 se inició en **Deichstrasse** (PLANO: P. 36 **A6**), donde se ven varias casas del s. XVIII restauradas, casi todas convertidas en restaurantes. La apariencia de viejo mundo de los edificios le otorga un ambiente del antiguo canal y el barrio de mercaderes.

Hay varias buenas opciones para comer en Deichstrasse, pero ninguna con un ambiente tan evocador del histórico Altstadt como **Deichgraf** (PLANO: 4 P. 36 A6; *deichgraf-hamburg.de*). Toda una institución de Hamburgo, y considerado uno de los mejores restaurantes de la ciudad, se distingue por sus fabulosas especialidades regionales. La carta es de temporada y muchos ingredientes provienen de la región. Se aconseja el *Labskaus* (un exquisito estofado de carne, pescado y patata del norte); ofrecen una ración más pequeña para quienes solo quieran probarlo. Su excelente ubicación, con agua por un lado y largas mesas frente a la calle por otro, le confieren más encanto. Cierra domingo y lunes.

Visitar una galería de arte industrial ARTE Y FOTOGRAFÍA

PLANO: 5 P. 36 **H6**

Deichtorhallen *(deichtorhallen.de; adultos/niños 13 €/gratis, lu cerrado)*, formado por dos mercados de ladrillo magníficamente restaurados, construidos en 1911 y 1913 respectivamente, alberga soberbias exposiciones sobre arte moderno y fotografía. El **Haus der Photographie** (Salón de Fotografía Contemporánea) principal está cerrado por mejoras hasta el 2026 y, mientras, las exposiciones se exhiben en Phoxxi, un contenedor con un llamativo diseño multicolor de Anselm Reyle, artista afincado en Berlín.

En el lado sur y este de los edificios, la gran explanada, **Phoxxi Green Area**, que incluye un bar, es también escenario de fiestas de música electrónica al aire libre. Horarios y entradas en **Xceed** *(xceed.me)*.

DISTRITO DE KONTORHAUS

Reconocido por la Unesco, antaño era el centro económico del puerto. Este compacto distrito comercial, entre Steinstrasse, Burchardstrasse, Johanniswall y Klosterwall, está lleno de *Kontore* (edificios de oficinas tradicionales usados por los mercaderes y empresas comerciales en los s. XIX-XX). A diferencia de los edificios residenciales, cada *Kontor* era un ejemplo vanguardista de función y forma. Especialmente diseñados, combinaban grandes oficinas y espacios de almacenaje, siempre con un toque artístico. Este barrio, mayormente de la década de 1920, es uno de los ejemplos mejor preservados del exclusivo estilo arquitectónico *Kontor* del norte de Alemania: prácticas construcciones de ladrillos con adornos expresionistas.

MILLA DE LOS MUSEOS
El conjunto de cinco prestigiosas instituciones artísticas conocido como **Kunstmeile** (Milla de los Museos; PLANO: 7 P. 36 H5) cautivará a los amantes del arte. El Art Mile Pass de tres días, en la **web oficial** *(kunstmeile-hamburg.de; entrada 3 días 35 €)* las incluye todas. Además del famoso **Hamburger Kunsthalle** (p. 43), el salón de arte industrial **Deichtorhallen** (p. 47) y la institución de artes aplicadas más importante de Europa, el **Museum für Kunst und Gewerbe** (p. 74), también da acceso al **Bucerius Kunst Forum** (PLANO: 8 P. 36 **B3**), un museo privado de arte multimedia comprometido socialmente, y **Kunstverein** (PLANO: 9 P. 36 **H5**), una asociación de arte local para artistas contemporáneos emergentes.

Ver arte moderno gratis
GALERÍA MÁS ANTIGUA DE HAMBURGO

Fundada en 1821, la privada **Galerie Commeter** (PLANO: 6 P. 36 **D3**; *commeter.de; gratis, do y lu cerrado*) es toda una institución en Hamburgo, y no es nada conservadora. Su interior en forma de barco exhibe obras rabiosamente modernas. Tiene una sólida oferta de pintura, obra gráfica, escultura y fotografía europea contemporánea.

Parroquia más antigua de Hamburgo
IGLESIA Y VISTAS

Muy cerca del Rathaus, **St. Petri Kirche** (PLANO: 10 P. 36 **D3**; *sankt-petri.de; iglesia de San Pedro; torre adultos/niños 5 €/gratis*), cuyos orígenes se remontan al s. XII, es la parroquia más antigua de Hamburgo, aunque el edificio no sobrevivió al gran incendio de 1842 y se reconstruyó más tarde. Los picaportes de bronce en forma de cabeza de león (en exposición, no en uso) de 1340 sobrevivieron al incendio y se cuentan entre las reliquias más antiguas de la ciudad.

Sin gran bombo y platillo, St. Petri alberga el **mirador** accesible más alto de la ciudad. Al final de los 544 escalones del campanario de 123 m, aguarda una increíble panorámica del centro a través de las aberturas de la torre y, en días despejados, el puerto al fondo.

Beber en una cervecería alemana
CERVECERÍA ANTIGUA

En el sótano de una de las cervecerías más antiguas de Hamburgo se puede probar la famosa *pils* tirada de antiguas barricas de roble. **Gröninger Privatbrauerei** (PLANO: 11 P. 36 **D5**; *groeninger-hamburg.de, do y lu cerrado*) es la cervecería tradicional más genuina de la ciudad, con revestimiento de madera, largas mesas comunitarias y maquinaria de elaboración de cerveza del s. XIX bajo un techo abovedado.

Producen gran variedad de cervezas clásicas siguiendo la *Reinheitsgebot* (Ley de la Pureza de la Cerveza) alemana de 1516, una fórmula que, en su mayor parte, Hamburgo y sus incontables cervecerías no aplican.

Además de la *lager* y la *Dunkel* con malta, pedir las manitas de cerdo servidas con chicharrones siempre es una excelente decisión.

Elaborar chocolate en Chocoversum

MUSEO DEL CHOCOLATE

PLANO: 12 P. 36 **G5**

En el divertido **Chocoversum** *(chocoversum.de; circuitos adultos/niños 29/15 €)* el visitante se sumerge en el mundo del chocolate sostenible en un circuito guiado de 90 min. Las exposiciones y demostraciones interactivas ilustran una viva imagen de las condiciones económicas detrás de la cadena de suministro del chocolate, desde las condiciones laborales en las granjas de cacao a la importancia de obtener el grano de forma ética. Al terminar, un taller práctico permite al visitante diseñar su tableta, eligiendo desde el tipo de chocolate a las decoraciones y el envoltorio.

Saborear una cervecería bávara

RESTAURANTE TRADICIONAL

Nada es complicado en **Biergarten Speersort** (PLANO: 13 P. 36 **E4**), una cervecería de estilo bávaro con vistas a una de las pocas zonas verdes del centro. Las mesas del exterior son el lugar perfecto para tomar una cerveza en un día soleado. Si el viaje no incluye una visita al sur del país, este es el lugar perfecto para beber Höfbrau agarrando una *mass* (jarra de 1 l) con una mano y degustar exquisiteces bávaras como *Spätzle* (fideos de huevo) con queso y *Maultaschen* (versión alemana de los raviolis) en salsa.

Bailar ritmos latinos

MÚSICA EN VIVO

Uno de los mejores locales de música en vivo fuera de St. Pauli

CINCO IGLESIAS PROTESTANTES

Hamburgo fue uno de los primeros y más entusiastas seguidores de la Reforma protestante y la teología del s. XVI de Martín Lutero. En 1529, 12 doce años después de *Las noventa y cinco tesis* de Lutero, la ciudad ya era oficialmente luterana. Hoy conserva un grupo de cinco iglesias protestantes destacadas. Además de St. Petri, St. Katharinen (p. 46) y St. Nikolai (p. 40), están St. Jacobi y St. Michaelis (p. 58). Las cinco se hallan en el centro, en un radio de unos 2 km, fácilmente visitables en una tarde. St. Nikolai, ahora un monumento de guerra, es la única que no oficia misas.

(p. 103), **Cascadas** (PLANO: 14 P. 36 **F1**; *cascadas.club; horario variable*) ofrece un programa nocturno que abarca soul, *jazz*, ritmos latinos y caribeños, funk y *blues*. Empieza a animarse hacia las 20.00, pero es aconsejable consultar los conciertos y horarios en su web, así como comprar las entradas para evitar colas. El precio (5-20 €) depende del concierto.

En bici por Altstadt BICICLETAS

En **Zweiradperle** (PLANO: 15 P. 36 **G4**; *zweiradperle.hamburg*) se puede alquilar una bicicleta para explorar el Altstadt; mejor si es eléctrica, sobre todo tras un día de visitas a museos. Dispone de una gran variedad de bicicletas en alquiler *(desde 19 €/día, cascos y candados incluidos)* y circuitos, como el de 3 h *(36 €)* que supone una fantástica introducción a la ciudad. Todos los circuitos empiezan en la tienda, con un agradable café para cargar pilas antes de partir.

Comer 'Labskaus' en Laufauf COMIDA DEL NORTE

PLANO: 16 P. 36 **E4**

Bastión de la cocina del norte de Alemania y de Hamburgo, **Laufauf** *(laufauf.de, do cerrado)* es toda una institución. Bastante informal, atrae a clientes de la zona.

Es una apuesta segura para probar los platos favoritos del norte del país, que cocinan a la perfección. El *Hamburger pannfisch* (pescado frito), el *Bratheringe* (arenque frito) y el *Matjesfilet* (filete de arenque) son apuestas seguras, pero para una inmersión local total hay que pedir *Labskaus* (estofado de carne, pescado y patata con remolacha). Es la receta más apreciada de la ciudad, pero no hay que juzgarla hasta haberla probado.

PAISAJE URBANO HETEROGÉNEO

La arquitectura de Hamburgo, que combina estructuras de antes de la guerra, proezas funcionalistas y motivos marinos, es fascinante. El centro, donde predomina la arquitectura gótica y neogótica, quedó destruido en la II Guerra Mundial. El Rathaus (p. 38) y St. Michaelis Kirche (p. 58) se erigen como iconos (neorrenacentista y barroco) del viejo mundo, mientras que el Speicherstadt (p. 85) del s. XIX pone de relieve la influencia neogótica. El funcionalismo de mediados del s. XX arrasó con la arquitectura clásica en favor de estructuras utilitarias poco atractivas. El 'punto álgido' es la Fernsehturm (torre de televisión), el edificio más alto de Hamburgo. Hoy los arquitectos incorporan motivos marítimos ultracontemporáneos en el puerto, como la Elbphilharmonie (p. 89) y Dockland (p. 131).

Subir la escalera más hermosa de Hamburgo

ARQUITECTURA KONTOR

La **Alstertor** (PLANO: 17 P. 36 **E2**), de ladrillo holandés de 1900, también llamada *Heintzehof*, es un magnífico ejemplo del diseño *Kontor* del norte del país. Merece la pena ver el interior: una llamativa escalera de caracol de tres cuartos de vuelta, para los residentes uno de los elementos arquitectónicos más bonitos de la ciudad.

La mejor fotografía, preferiblemente con gran angular, es desde el suelo hacia arriba para capturar la maravillosa combinación de barandas de madera, peldaños de piedra y ventanales en estética armonía. La mejor luz se da antes del atardecer.

La impresionante librería de viajes Dr. Götze Land & Karte (p. 53) está dentro del edificio.

Circuito a pie por Altstadt

RUTA GUIADA

Hamburg Walks (PLANO: 18 P. 36 **C3**; *hamburgwalks.de*) organiza el **circuito Discover Hamburg** *(20 €/persona)* de 2½ h, centrado principalmente en Altstadt. Incluye el distrito de Kontorhaus (p. 47), Mahnmal St. Nikolai (p. 40) y el Rathaus (p. 38), además de numerosos detalles históricos y colorido local.

LAS MEJORES VISITAS GRATIS

Rathaus

PLANO: P. 36 **C4**

Recorrer el vestíbulo del ayuntamiento hasta el patio al aire libre. Sentarse en las mesas públicas y observar a la gente junto a la fuente; es un lugar popular para fotos de boda. (p. 38)

Mahnmal St. Nikolai

PLANO: P. 36 **B5**

Las ruinas del patio son de acceso libre y albergan exposiciones comprometidas socialmente sobre la guerra y sus secuelas; suelen ser de fotografía documental e instalaciones artísticas. (p. 40)

Galerie Commeter

PLANO: 6 P. 36 **D3**

Fundada en 1821, la galería privada más antigua de la ciudad presenta a artistas modernos emergentes.

SUGERENCIAS

Lo mejor para...

$ Económico $$ Medio $$$ Alto

Localizaciones en el plano de la p. 36

Comer

Comida rápida

Chingu €€
19 G2
Saciante comida rápida de fusión coreana: pollo frito con salsas picantes, patatas fritas con *kimchi* y mucho más. *12.00-21.30*

Mö-Grill €€
20 F3
Popular por el plato de comida rápida alemán más apreciado, el *Currywurst* (salchicha con kétchup de curri), el mejor según los residentes. *10.00-19.00*

Ramen €€
21 F2
Local de *ramen* revestido de madera con una breve carta, servicio rápido y mucho espacio para sentarse en la barra. *11.30-21.30*

De temporada y local

Ahoi by Steffen Henssler €€
22 F3
De origen alemán, pero siempre con el ojo puesto en el horizonte, el chef local Steffen Henssler es famoso como maestro de *sushi;* en la carta ofrece pescado con patatas fritas, ensaladas y hamburguesas. *10.00-18.00*

Daniel Wischer €€
23 C4
Fantástico local veterano para comer algo rápido o con más sustancia. Pescado a la parrilla, sencillo pescado con patatas fritas y excelente *Fischbrötchen* (bocadillo de pescado). *11.00-21.00 lu-sa*

Kartoffelkeller €€
24 A6
El vegetal favorito del país adquiere todo el protagonismo. Ensalada de patata, tortitas de patata, buñuelos de patata... la lista es larga. *12.00-22.00 ju-ma*

Nardo's €€
25 C6
Platos para compartir que combinan la pasión mediterránea con la sensibilidad alemana, como vieiras con sopa de guisantes o entrantes alemanes con salchicha y hortalizas locales. *9.00-17.00 ma-do*

Cocina moderna y 'gourmet'

Perle €€
26 E5
En una tranquila calle secundaria, sirven excelentes platos ligeros del día. Para cenar ofrecen uno de los mejores Wiener Schnitzels de Hamburgo. *11.30-15.00 y 18.00-21.00*

Café Paris €€€
27 C4
Una magnífica carnicería de 1882 convertida en *brasserie* lujosa pero relajada, ideal para comida clásica francesa. *9.00-23.30*

Trific €€€

28 B6

Aclamado como una de las cocinas más creativas, tiene una pequeña carta de platos de mercado y de temporada, como pollo criado con maíz o ternera regional. *12.00-15.00 y 18.00-23.00 lu-vi, 18.00-23.00 sa*

Beber

Cafés

Nord Coast Coffee Roasters

29 A6

Uno de los múltiples nuevos tostadores de café con conciencia social, tiene varias sucursales en la ciudad. Este agradable y bien ubicado local de Deichstrasse es perfecto para una pausa. *9.00-17.00*

Palang Good Coffee

30 F5

Situado entre los edificios A y B de Chilehaus, se puede tomar un café con hielo después de visitar este edificio reconocido por la Unesco. *9.00-16.00 lu-vi, desde 11.00 sa*

Coctelerías

Le Lion

31 C4

Seguramente el bar más sofisticado y exclusivo de Hamburgo. Si hay sitio, vale la pena entrar y probar su especialidad, el *gin-basil smash*. *18.00-3.00 lu-sa, hasta 1.00 do*

Bohemian

32 A6

Elegante local de Deichstrasse con terraza especializado en combinados creativos (a veces provocativos), como una bebida inspirada en Charlie Sheen y la "bebida púrpura" de la escena de rap. *17.00-1.00 lu-ju, 15.00-2.00 vi y sa, 15.00-24.00 do*

Comprar

Libros y recuerdos

Dr. Götze Land & Karte

33 E2

Una de las tiendas de mapas y viajes más famosas del país para descubrir el mundo entero. Tiene una enorme selección de libros en inglés y joyas cartográficas únicas. *10.00-19.00 lu-vi, hasta 18.00 sa*

Thalia

34 D3

Esta filial de Thalia, una de las mayores librerías de Hamburgo, cuenta con una gran selección de libros en inglés, además de juguetes alemanes y recuerdos. *10.00-20.00 lu-sa*

Vintage & Rags

35 G2

Tienda de ropa *vintage* de dos pisos, una de las más grandes de la ciudad, con prendas de marca cuidadosamente seleccionadas, además de camisetas de la NFL y la MLB. *11.00-20.00 lu-vi, desde 10.00 sa*

Sugerencias de lugares para comer, beber y comprar en **p. 68**

Explora Neustadt

Esta es una de las mejores zonas de Hamburgo para ir de compras y pasear, especialmente cuando brilla el sol. Para recorrer elegantes avenidas junto al canal, mirar escaparates de tiendas de lujo y observar a la gente en espléndidas galerías comerciales. La sección ribereña de Elbemeile se lleva toda la fama, pero el Jungfernstieg, a orillas del Binnenalster (lago Alster interior), es perfecto en una tarde de cielos despejados para relajarse en uno de sus pequeños bares, y es también el lugar que prefieren los residentes para disfrutar del paisaje junto al agua. Lejos del gentío, se puede explorar la historia de la música clásica al oeste del barrio o ir a Grossneumarkt al este, un tranquilo centro de vida local.

Cómo desplazarse

A pie

La zona se puede recorrer fácilmente a pie y se puede combinar con un día en Altstadt (la frontera entre ambos se confunde).

Transporte público

Hay varias estaciones de U-Bahn y S-Bahn en Neustadt, la más práctica es Jungfernstieg. Desde este punto hay conexiones a toda la ciudad.

Bicicleta

Alquilar una bici y recorrer toda la orilla sur y oeste es una experiencia gratificante. Las vistas hacia Altstadt (especialmente al atardecer) son magníficas.

Alsterarkaden (p. 61).
OSCITY/SHUTTERSTOCK

LO MEJOR

IGLESIA BARROCA
St. Michaelis Kirche (p. 58)

PASEO VENECIANO
Alsterarkaden (p. 61)

MUSEOS DE MÚSICA
KomponistenQuartier (p. 62)

MERCADO LOCAL
Grossneumarkt (p. 67)

LOCAL DE 'JAZZ'
Cotton Club (p. 66)

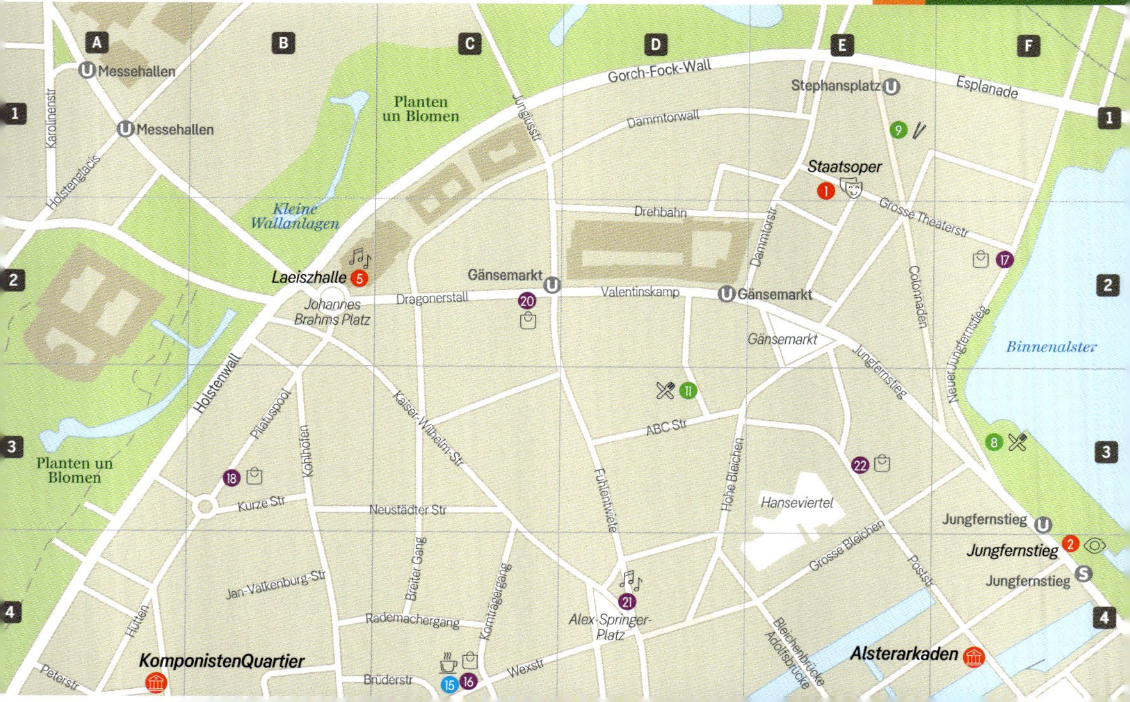

A
B
C
D
E
F
1
2
3
4
Messehallen
Messehallen
Karolinenstr
Holstenglacis
Planten un Blomen
Kleine Wallanlagen
Laeiszhalle
5
Johannes Brahms Platz
Holstenwall
Planten un Blomen
Gorch-Fock-Wall
Jungiusstr
Dammtorwall
Drehbahn
Gänsemarkt
Valentinskamp
Dragonerstall
20
Gänsemarkt
Gänsemarkt
Stephansplatz
Esplanade
9
Staatsoper
1
Grosse Theaterstr
Dammtorstr
17
Colonnaden
Neuer Jungfernstieg
Binnenalster
Jungfernstieg
8
11
ABC Str
22
Hanseviertel
Hohe Bleichen
Grosse Bleichen
Jungfernstieg
Jungfernstieg
2
Jungfernstieg
Poststr
Alsterarkaden
Bleichenbrücke
Adolfsbrücke
Fuhlentwiete
21
Alex-Springer-Platz
Kaiser-Wilhelm-Str
Neustädter Str
Pilatuspool
Kohlhöfen
18
Kurze Str
Jan-Valkenburg-Str
Breiter Gang
Kornträgergang
Rademachergang
Brüderstr
15
16
Wexstr
Hütten
Peterstr
KomponistenQuartier

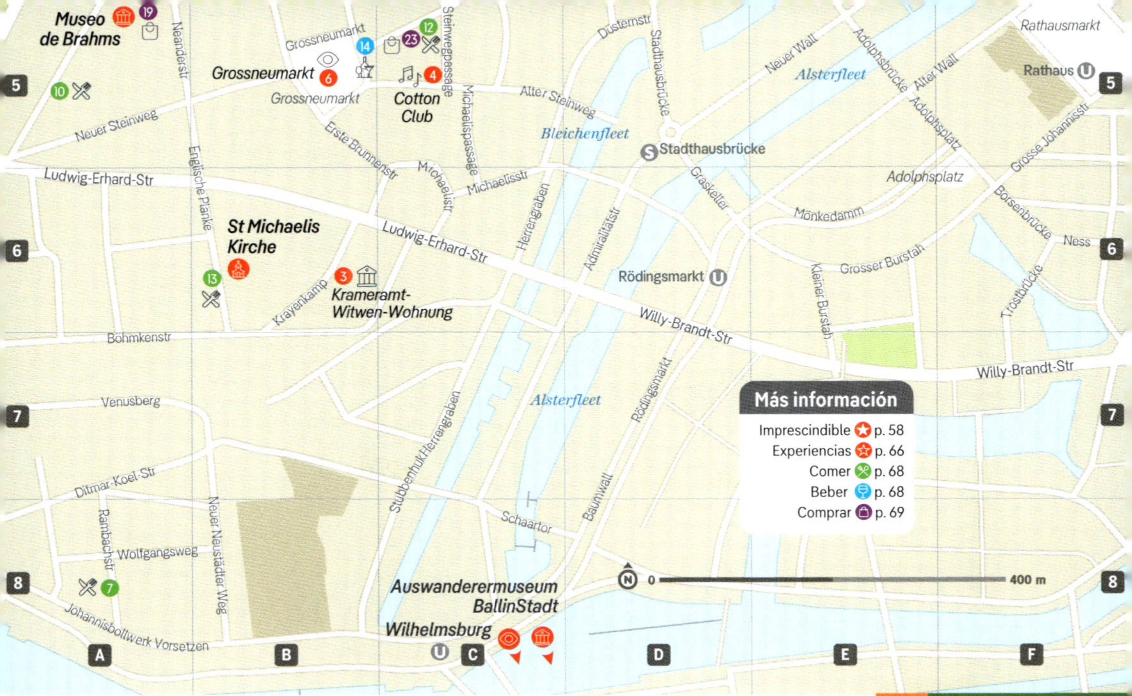
Museo de Brahms
Grossneumarkt
Cotton Club
St Michaelis Kirche
Krameramt-Witwen-Wohnung
Auswanderermuseum BallinStadt
Wilhelmsburg
Rathausmarkt
Rathaus
Stadthausbrücke
Rödingsmarkt
Adolphsplatz
Alsterfleet
Bleichenfleet
Neanderstr
Neuer Steinweg
Steinwegpassage
Michaelispassage
Alter Steinweg
Erste Brunnenstr
Michaelistr
Ludwig-Erhard-Str
Englische Planke
Krayenkamp
Böhmkenstr
Venusberg
Ditmar-Koel-Str
Rambachstr
Wolfgangsweg
Neuer Neustädter Weg
Johannisbollwerk Vorsetzen
Stubbenhuk Herrengraben
Herrengraben
Admiralitätstr
Schaartor
Baumwall
Düsternstr
Neuer Wall
Adolphsbrücke
Alter Wall
Grosse Johannisstr
Graskeller
Mönkedamm
Borsenbrücke
Ness
Grosser Burstah
Kleiner Burstah
Trostbrücke
Willy-Brandt-Str
Rödingsmarkt
Más información
Imprescindible p. 58
Experiencias p. 66
Comer p. 68
Beber p. 68
Comprar p. 69
0
400 m
A
B
C
D
E
F
5
6
7
8

★ IMPRESCINDIBLE

St. Michaelis Kirche

'Der Michel' (El Miguel), como lo llaman cariñosamente, es uno de los monumentos más reconocibles de Hamburgo y el mayor templo barroco protestante del norte de Alemania; domina la silueta urbana a kilómetros de distancia. Vale la pena visitar la torre, la nave todavía en uso y el interior de la cripta.

PLANO P. 56 **B6**

CONSEJO
La iglesia está al sur de Neustadt, cerca del puerto, donde se pueden explorar zonas en desarrollo menos turísticas, como el **Auswanderer-museum BallinStadt** (PLANO P. 56 **C8**; Museo de la Emigración) y la isla sostenible de **Wilhelmsburg** (PLANO P. 56 **C8**).

Arquitectura e historia

St. Michaelis Kirche es la tercera iglesia levantada en este lugar. La actual es una réplica de principios del s. xx de dos construcciones previas destruidas por incendios. El compositor Johannes Brahms fue bautizado el 26 de mayo de 1833 en la versión anterior. El campanario, de 132 m de altura, se usaba como referencia para los barcos que navegaban por el Elba. El reloj es el más grande de este tipo de Alemania; su prominente fachada también ayudaba a los barcos a orientarse.

Torre

Los viajeros más activos pueden subir a pie al mirador de 83 m de altura, pero hay un ascensor que sube en un santiamén. Ofrece vistas fantásticas y vale la pena quedarse tanto rato como se pueda para ver bien los canales, ríos y otros monumentos. Las vistas hacia el puerto son especialmente memorables, con la Elbphilharmonie (p. 89) en todo su esplendor.

FOOTAGECLIPS/SHUTTERSTOCK

Santuario

Hay interiores más hermosos en Alemania y, a decir verdad, la nave principal es oscura y poco ornamentada, tal como dicta el protestantismo. Lo espectacular es su tamaño, con una planta de cruz latina clásica y capacidad para 2500 personas sentadas. Sorprendentemente, hay cinco órganos. A pesar de la austeridad de estilo en general, vale la pena examinar de cerca el altar y el púlpito barrocos, la elaborada escalera del púlpito y la fuente bautismal de mármol; el altar mide 20 m y representa escenas de la vida de Jesucristo.

UNA PAUSA
Frente a la entrada de St. Michaelis Kirche y en activo desde 1795, **Old Commercial Room** (p. 68) prepara el mejor *Labskaus* (un estofado de carne, pescado y patata) de Hamburgo.

CONCIERTOS

El variado y experimental programa de conciertos resulta interesante, se sea practicante o no. La misa de mediodía diaria siempre va acompañada de los gigantescos órganos. El domingo, en una ceremonia centenaria, suena una coral tradicional desde lo alto de la torre. Finalmente, la cripta es un evocador entorno, ideal para escuchar composiciones de Bach, Beethoven y por supuesto Brahms, que fue bautizado aquí.

Escanea el código QR para el programa musical.

TALJAT DAVID/SHUTTERSTOCK

Cripta

Se aconseja ver la abarrotada cripta (se paga aparte), donde están enterrados cerca de 2500 personajes ilustres, entre ellos el compositor Carl Philipp Emanuel Bach (hijo del más famoso Johann). Restaurada a principios de siglo, la cripta (foto arriba) se usó como refugio antiaéreo durante la II Guerra Mundial. Hoy acoge servicios religiosos y conciertos, y cuenta con una interesante exposición multimedia sobre la historia de la ciudad.

★ IMPRESCINDIBLE

Alsterarkaden

Este sofisticado edificio a orillas del río es una visita ineludible de Neustadt. El canal Alsterfleet se refleja en la galería comercial de inspiración veneciana, una imagen espectacular, especialmente con la presencia de los cisnes. Entre los arcos de la galería se esconden tiendas y restaurantes.

PLANO P. 56 **F4**

Compras y cisnes

Lo más destacado de la zona comercial de Neustadt es esta galería hipóstila que alberga tiendas de lujo y cafés a lo largo del canal Alsterfleet hasta el **Jungfernstieg** (p. 66). Es donde van hamburgueses a comer, compradores de tiendas de lujo y turistas. No son los únicos que se exhiben: cisnes blancos y negros se pavonean en el agua. En tiempos medievales se decía que, si había cisnes en el Alster, Hamburgo mantendría su libertad y soberanía.

Galería 'art nouveau'

Junto a Alsterarkaden está **Mellin Passage,** la galería comercial más antigua de Hamburgo que conecta con la sofisticada calle comercial **Neuer Wall.** Este pasaje es interesante por sus frescos en el techo y vidrieras *art nouveau* del s. XIX (descubiertas por sorpresa durante una restauración tras un incendio).

Aquí y allá

Alsterfleet, que conecta el Alster interior y el Elba, es la frontera histórica entre Altstadt y Neustadt. Siguiendo el Jungfernstieg al noroeste se llega a una zona verde a orillas del río de ambiente residencial y, en dirección contraria, por Ballindamm, a **Hamburger Kunsthalle** (p. 43) y Hamburg Hauptbahnhof (aprox. 1 km).

CONSEJO
El canal Alsterfleet separa Altstadt de Neustadt. Desde el Rathaus (p. 38), se puede llegar fácilmente a Alsterarkaden por la pasarela sobre el agua a la izquierda de la plaza pública frontal.

Escanea el código QR para un circuito a pie autoguiado que conecta Neustadt con Alstadt.

★ IMPRESCINDIBLE

KomponistenQuartier

Formado por una sucesión de museos en mansiones del s. XVIII restauradas de Peterstrasse, el **KomponistenQuartier** *(barrio de los compositores; adultos/niños 11/2 €)* es un conjunto único que conmemora el patrimonio orquestal de Hamburgo. Con exposiciones de objetos, instrumentos y mucho más, cada museo se centra en la vida y obra de un compositor que dejó huella en la ciudad. Todos los museos cierran el lunes.

PLANO P. 56 **A4**

CONSEJO
Por la zona del Komponisten-Quartier se encuentran varias **tiendas de música** (p. 69) que venden desde instrumentos hechos a mano a partituras.

Escanea el código QR para consultar la web de KomponistenQuartier.

Museos de música

La más famosa de las seis exposiciones en mansiones es la dedicada a **Johannes Brahms** *(Peterstrasse 39)*, que nació y se crio en Hamburgo. Fundado en 1971, KomponistenQuartier tiene otros museos sobre **Georg Philipp Telemann y Carl Philipp Emanuel Bach** *(Peterstrasse 31)*, **Johann Adolf Hasse, Fanny y Felix Mendelssohn, y Gustav Mahler** *(Peterstrasse 29)* de creación más reciente.

Todos ellos hicieron una significativa contribución musical a Hamburgo, componiendo desde óperas a música sacra en varios estilos clásicos. Las colecciones de los museos no se limitan a una exposición tradicional, sino que contienen instrumentos históricos y objetos personales como manuscritos y cartas que muestran el proceso creativo de los compositores. El barrio de los compositores es un recordatorio de que la Elbphilharmonie (p. 89) es solo una de las múltiples notas que conforman el patrimonio orquestal de Hamburgo.

BILDAGENTUR-ONLINE/ALAMY

Museo de Brahms

El **Museo de Brahms** (PLANO P. 56 **A5**; foto arriba), antes autónomo e integrado en el KomponistenQuartier desde el 2015, se considera el más importante del barrio. El mundialmente famoso Johannes Brahms (1833-1897), considerado una de las "tres B" de la música alemana junto a Beethoven y Bach, nació en Hamburgo y estuvo siempre ligado a la ciudad.

Aunque la casa donde nació quedó destruida en 1943, el edificio del s. XVIII en Peterstrasse 39 es un buen tributo. Exhibe todo tipo de recuerdos originales de Brahms, como un piano de mesa de la década de 1860 con el que daba clase a sus alumnos.

UNA PAUSA

Al este, en la plaza **Grossneumarkt** (p. 67) hay puestos los miércoles y sábados por la mañana y **Thämer's** (p. 65) es un sencillo restaurante alemán con una gran terraza exterior.

CIRCUITO A PIE

Neustadt genuino

Mirar escaparates junto al canal es solo una pequeña parte de Neustadt. Para una mirada auténtica a la vida del barrio, hay que ir al oeste por Wextrasse. La vida local avanza a ritmo tranquilo y constante. La historia y las tradiciones de Hamburgo –y, sobre todo, el patrimonio musical clásico– se entretejen armoniosamente.

INICIO	FINAL	DURACIÓN
KomponistenQuartier	Hummerstand im Hanseviertel	1 km; 30 min

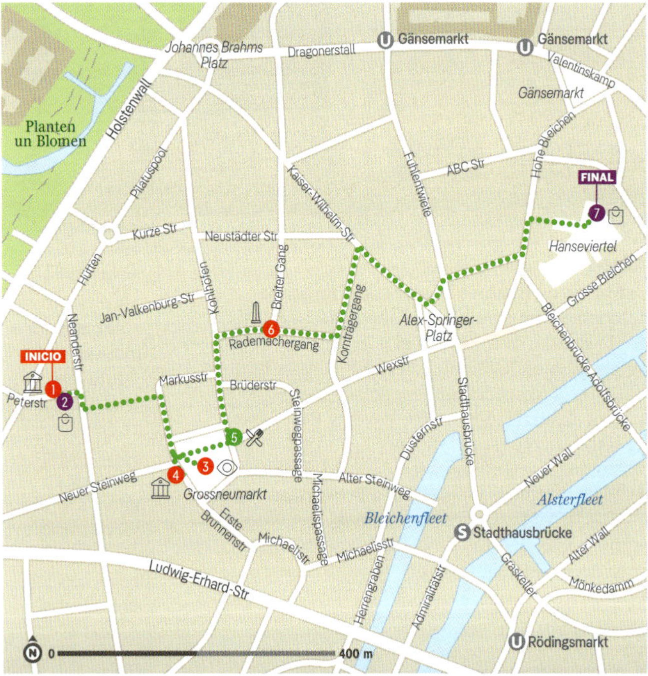

1 Museos clásicos

El paseo por Neustadt empieza en su zona histórica más fascinante. En el **KomponistenQuartier** (barrio de los compositores; p. 62), las casas de mercaderes del s. XVIII son museos dedicados a Brahms, Bach, Mendelssohn y otros.

2 Estudio de artesanos

En el KomponistenQuartier también se halla el **estudio** (p. 69) de la maestra lutier de violines nacida en Hamburgo Pia-Maria von Ketelhodt, abierto en el 2024, donde se la ve trabajando la madera y tallando instrumentos con precisión.

3 Plaza del mercado

La frondosa plaza **Grossneumarkt** (p. 67) es un escenario más tranquilo que las zonas junto al canal de Neustadt. Cobra vida con los puestos del mercado y sus eclécticas gastronetas los miércoles y sábados.

4 Farmacia antigua

La **Pelikan Apotheke** (una de las farmacias más antiguas de Alemania) lleva abierta desde 1656. Se puede entrar para admirar los espléndidos detalles de época, como techos altos y exquisitos paneles de madera que enmarcan la actividad actual.

5 Degustar un pastel

No hay que perder la ocasión de probar un pastel o un *Flammkuchen* (pan plano) en **Thämer's.** Este restaurante ocupa una posición privilegiada con decenas de mesas cubiertas en la plaza; por la noche, se convierte en un clásico *Kneipe* (bar de barrio tradicional; P. 68). Ofrece una extensa selección de cervezas y vinos y la cocina está especializada en platos alemanes.

6 Fuente monumental

El **Hummeldenkmal** está dedicado a Hans Hummel, un aguador que trabajó en Neustadt en el s. XIX y principios del s. XX (antes de que existiera un sistema de tuberías). A los niños traviesos les decía que "le besaran el trasero", y este monumento lo representa levantando un yugo y cubos de agua mientras un niño le enseña el trasero. Antes una de las muchas de estas estatuas, ahora es una rareza. En el 2006 se subastaron varias y los beneficios se destinaron a los sintecho de Hamburgo.

7 Paraíso del marisco

En la galería comercial Hanseviertel se puede degustar marisco en un taburete del puesto **Hummerstand im Hanseviertel.** Este popular local lleva más de 50 años sirviendo bogavante a la parrilla, ostras, mejillones y otros platos acompañados de una copa de *sekt* (vino espumoso) o champán. El primer jueves de mes se celebra una velada de danza con música y tapas de marisco.

EXPERIENCIAS

Ver una representación en la Staatsoper ÓPERA

PLANO: 1 P. 56 **E1**

Una de las óperas más prestigiosas del mundo, la **Hamburgische Staatsoper** *(staatsoper-hamburg.de; taquilla 10.00-18.00 lu-sa, y 90 min antes de la función; entradas desde 4 €)* ha sido dirigida por maestros como Gustav Mahler y Karl Böhm durante sus más de 325 años de historia. Este magnífico teatro modernista es la sede de la Orquesta Filarmónica Estatal de Hamburgo y el Ballet de Hamburgo. Su enorme auditorio principal, para 1690 personas, garantiza que sea fácil conseguir entradas. El precio de los asientos va por categorías; la más barata cuesta tan solo 4 € y la más cara alcanza los 258 €.

Caminar por el Jungfernstieg PASEO RIBEREÑO

PLANO: 2 P. 56 **F4**

Neustadt, que se confunde con Altstadt en los elegantes alrededores del Binnenalster, alcanza su máxima expresión en el **paseo de Jungfernstieg.** Los alrededores del lado sur de Hamburg Hauptbahnhof (en el lado norte está Altstadt) son perfectos para estirar las piernas antes de subir al tren.

Aún mejor, es una ruta alternativa hacia la estación si ya se ha pasado por Lange Reihe de St. Georg (p. 78).

Siguiendo los frondosos senderos hay muchos rincones donde hacer un pícnic o sentarse junto al agua. Las terrazas de los cafés y bares cerca de la orilla, aunque son bonitos, suelen ser caros y turísticos. El pabellón de Alex (p. 68) es una excepción.

Visitar una antigua casa de beneficencia CALLEJÓN OCULTO

En un callejón junto a Krayenkamp 10 hay una hilera de diminutas casas con entramado de madera del s. XVII. Durante casi 200 años fueron casas de beneficencia para las viudas de los miembros del gremio de pequeños comerciantes. Hoy son tiendas y restaurantes, y un pequeño museo histórico, el **Krameramt-Witwen-Wohnung** (PLANO: 3 P. 56 **B6**; *shmh.de; adultos/niños 4 €/gratis)* que abre de miércoles a domingo.

Escuchar jazz en directo en el Cotton Club JAZZ CLUB

PLANO: 4 P. 56 **C5**

Se ha trasladado muchas veces, pero el **Cotton Club** *(cotton-club.de; precio de entrada variable)* es siempre una apuesta segura para ver *jazz* en vivo en todas sus formas, además de *blues*, *swing*, *dixieland* y otros géneros. En el barrio musical de Neustadt, el club de *jazz* más antiguo de la ciudad ha encontrado su hogar ideal. Las entradas se compran en línea *(tixforgigs.com)* o en la puerta. Los conciertos empiezan a las 20.00.

Asistir a un concierto en la Laeiszhalle

AUDITORIO

PLANO: 5 P. 56 **B2**

Construida en 1908, la **Laeiszhalle** *(elbphilharmonie.de/de/laeiszhalle; varios precios)* fue la principal sala de conciertos de música clásica y ópera de Hamburgo durante décadas. Este papel se ha trasladado a la flamante Elbphilharmonie (p. 89), pero el espléndido edificio neobarroco aún programa actuaciones clásicas.

Ambas están bajo una dirección conjunta, y aunque la Elbphilharmonie es más famosa, la Laeiszhalle tiene un encanto especial. A diferencia de gran parte de la ciudad, sobrevivió al bombardeo Hamburgo; las fuerzas de ocupación británicas la utilizaron como estudio de retransmisión de la emisora militar y almacenaron unos 60 000 discos de *jazz* en el Brahms-Foyer.

Comidas y tentempiés en Grossneumarkt

MERCADO LOCAL

PLANO: 6 P. 56 **B5**

Antiguo centro de Neustadt, la grande y frondosa plaza **Grossneumarkt** ahora es muy tranquila, pero se anima con el mercado del miércoles y el sábado (que vale mucho la pena por sus gastronetas que venden comida internacional, desde curri tailandés a quesadillas, comida africana y *pierogi* polacos).

Creada entre 1624 y 1660 durante la ampliación de las fortificaciones de Hamburgo, esta era una de las cuatro plazas centrales del entonces Neustadt en construcción. Inicialmente se usaba para actividades militares como el *Soldatenhandel* (comercio de soldados), una práctica de los estados alemanes que alquilaban soldados a naciones más ricas.

Con el tiempo se transformó en una animada plaza de mercado. Cuentan que uno de sus vendedores más frecuentes fue el comerciante de animales alemán del s. XIX Carl Hagenbeck (1844-1913), que desarrolló modernos diseños para zoos, como los cercados abiertos sin barrotes. Se dice que vendía animales exóticos.

NO TAN NUEVO

El nombre de "Neustadt" (Nueva Ciudad) es ahora una designación poco apropiada, pero no siempre lo ha sido. Urbanizado a principios del s. XVII, este barrio fue una ampliación fuera de las murallas medievales para alojar el comercio y la población creciente. La ribera del Binnenalster (lago Alster interior) es tan típica de Neustadt que muchos residentes no conocen el origen de su paseo, Jungfernstieg. Se llamaba así porque en tiempos antiguos las familias llevaban a sus hijas solteras *(jungfern)* a pasear.

SUGERENCIAS

Lo mejor para...

$ Económico $$ Medio $$$ Alto

Localizaciones en el plano de la p. 56

Comer

Alta cocina internacional

Lusitano €€
7 A8
Pequeño restaurante en el antiguo barrio portugués que plasma los intensos sabores del Mediterráneo. Sirven platos bien ejecutados, pero el pescado y marisco es la estrella. Reservar con antelación. *12.00-22.00 lu y mi-sa*

Alex €€€
8 F3
Aunque el bufé del desayuno de esta cadena de restaurantes alemanes es sustancioso, lo mejor es su ubicación. Ocupa el Alsterpavillon de 1799, una joya histórica junto al lago; al café original se le atribuye la introducción del helado en Alemania. *8.00-1.00 lu-ju, hasta 2.00 vi y sa, desde 9.00 do*

Matsumi €€€
9 E1
El célebre chef Hideaki Morita elabora excelente comida japonesa en este restaurante en una segunda planta. Hay parrillas de *teriyaki* y una carta de sakes que vale la pena explorar. *12.00-13.30 y 18.00-21.30 ma-sa*

Petit Bonheur €€€
10 A5
Un bistró de vinos francés para cenas románticas: el *coq au vin* es el plato estrella. Hermosos interiores de paredes rojas y manteles blancos, repletos de muebles antiguos. *12.00-23.00 lu-vi, desde 17.00 sa*

Casse Croute €€€
11 D3
Elegante restaurante con iluminación romántica que sirve cocina alemana del norte con un toque de cocina francesa. Tiene una larga carta de vinos y los mejores *moules frites* de Hamburgo. *12.00-22.00 ma-ju, 12.00-21.00 lu y vi, 17.00-22.00 sa*

Comida alemana

Zum Spätzle €
12 C5
Especializado en *Spätzle* (plato de pasta de Suabia) y *Maultaschen* (pasta rellena, también del sur), es un lugar fantástico para probar platos regionales alemanes. *12.00-22.00*

Old Commercial Room €€
13 B6
Desde 1795, este fantástico bastión de la tradición lleva siglos sirviendo uno de los mejores *Labskaus* de Hamburgo (estofado de carne, pescado y patata). Es turístico, sin duda, pero la comida es excelente. Frente a St. Michaelis Kirche. *12.00-23.00 lu-sa, hasta 22.00 do*

Beber

Cafés y bares

Herr Buhbe
14 B5
Una de las bodegas más antiguas de la ciudad, hermana del Thämer's (p. 65) en la planta superior, siempre es una buena opción. Hay mucha cerveza de barril, una correcta carta de vinos con

caldos franceses y alemanes, y una buena selección de licores. *12.00-15.00 y 18.00-24.00 lu-sa*

Public Coffee Roasters

15 C4

Los amantes del buen café no dudan en atravesar la ciudad para disfrutar del ambiente tranquilo y formal y la selección de deliciosos cafés salidos directamente de su tostadero. *8.30-18.00 lu-vi, 10.00-17.30 sa y do*

Comprar

Tiendas especializadas

Anne Zimmer

16 C4

Esta maravillosa tienda que vende joyas de oro y de otros materiales hechas a mano es un agradable contrapunto a las marcas internacionales de lujo que predominan en Neustadt. También tiene hermosos artículos del hogar en su luminoso y diáfano espacio. *11.00-19.00 ma-vi, hasta 16.00 sa*

Apropos the Concept Store

17 F2

Idealmente situada junto al hotel señorial Fairmont Vier Jahreszeiten Hamburg, esta tienda de lujo reúne una magnífica y cuidada colección de artículos de marcas de lujo bajo un mismo techo. *11.00-19.00 lu-sa*

Tiendas de música

Geigenbau Matthias Tödtmann

18 B3

El especialista en instrumentos de cuerda Tödtmann fabrica y repara violines, violas, violonchelos y arcos en su evocador taller. También realizan restauraciones. *12.00-18.00 ma-vi*

Geigenbau von Ketelhodt

19 A5

Estudio capitaneado por la maestra lutier de violines nacida en Hamburgo Pia-Maria von Ketelhodt. Está justo en Peterstrasse, en el **KomponistenQuartier** (p. 62). *Con cita previa mi-vi*

Geigenbau Winterling

20 C2

Parte esencial del tejido musical de la ciudad desde 1890, este taller tiene exquisitos instrumentos de cuerda y algunas piezas históricas extraordinarias restauradas en el lugar. Los precios son elevados, no es una tienda para visitantes ocasionales. *14.00-18.30 ju, desde 10.00 vi*

Tutti Fagotti

21 D4

La colección más grande de Europa de fagots y contrafagots, así como todos los accesorios imaginables relacionados con los fagots. Ofrecen un servicio completo y reparaciones. *9.00-15.00 lu-vi*

Delicias 'gourmet'

Mutterland

22 E3

Tienda de exquisiteces *gourmet* hechas en Alemania que vende tentadores manjares bellamente presentados (como mermeladas y chocolates) y licores. Destaca la ginebra Monkey 47 de la Selva Negra. *8.00-19.00 lu-vi, desde 10.00 sa*

Tobias Strauch Weinkontor

23 C5

El famoso cocinero de Hamburgo Tobias Strauch sabe mucho de vinos. Su cuidada selección de botellas principalmente europeas es una de las mejores que se puedan encontrar. *11.00-19.00 ma-vi, desde 10.00 sa*

Sugerencias de lugares para comer, beber y comprar en **p. 81**

Explora
St. Georg

Con su idiosincrasia y sus contradicciones, St. Georg es un microcosmos. Los bares y restaurantes de su animada arteria principal, Lange Reihe, son populares entre la comunidad LGTBIQ+ y, en los últimos años, la zona se ha vuelto más multicultural. A mediodía se respira un agradable ambiente relajado, pero a media tarde todo cambia. Las tiendas y cafés diurnos de Lange Reihe van cerrando y pasan el testigo a locales como el emblemático bar gay Café Gnosa, que anima el cotarro. Poco después, se suman las coctelerías. El mercado del viernes es muy popular entre los residentes.

Cómo desplazarse

A pie

La mayor parte del barrio se halla a poca distancia a pie de la Hauptbahnhof; los hoteles y albergues se concentran en el extremo (suroeste) de la estación.

Tren

St. Georg está detrás de la Hauptbahnhof. Lange Reihe es perfecta para comer algo y pasear antes de tomar el tren.

Bicicleta

Es un modo ideal de explorar la zona de Lange Reihe, que esconde fabulosos secretos. StadtRad alquila bicicletas en la Hauptbahnhof.

Hansaplatz (p. 80).
DAVID TALJAT/ALAMY

★ **LO MEJOR**

MUSEO DE ARTE
Museum für Kunst und Gewerbe (p. 74)

CALLE COMERCIAL
Lange Reihe (p. 78)

GALERÍA DE ARTESANOS
Koppel 66 (p. 79)

PANADERÍA
Café Gnosa (p. 79)

ALMUERZO REGIONAL
Fräulein Fritz (p. 81)

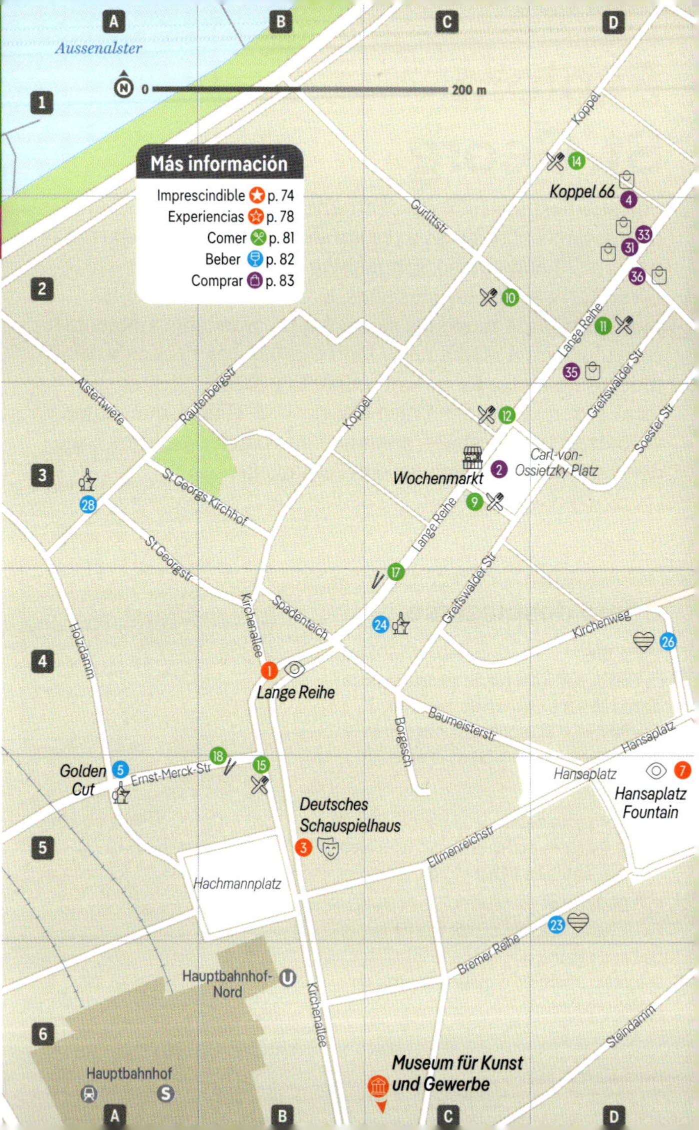
Más información
Imprescindible p. 74
Experiencias p. 78
Comer p. 81
Beber p. 82
Comprar p. 83
Aussenalster
0 200 m
A
B
C
D
1
2
3
4
5
6
Koppel
Koppel 66
Gurlittstr
Alstertwiete
Rautenbergstr
St Georgs Kirchhof
St Georgstr
Lange Reihe
Greifswalder Str
Soester Str
Wochenmarkt
Carl-von-Ossietzky Platz
Kirchenallee
Spadenteich
Holzdamm
Kirchenweg
Baumeisterstr
Borgesch
Hansaplatz
Hansaplatz Fountain
Golden Cut
Ernst-Merck-Str
Deutsches Schauspielhaus
Hachmannplatz
Ellmenreichstr
Bremer Reihe
Hauptbahnhof-Nord
Hauptbahnhof
Steindamm
Museum für Kunst und Gewerbe

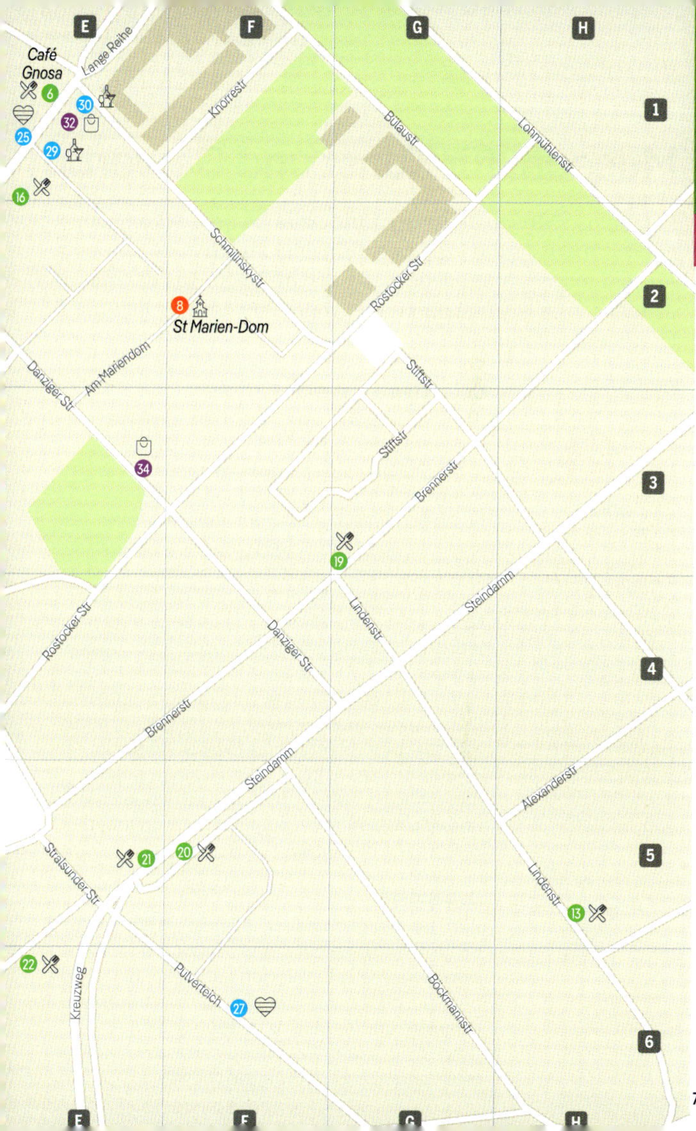
E
F
G
H
1
2
3
4
5
6
Café Gnosa
Lange Reihe
Knorrestr
Bülaustr
Lohmühlenstr
Schmilinskystr
Rostocker Str
St Marien-Dom
Am Mariendom
Danziger Str
Stiftstr
Brennerstr
Lindenstr
Steindamm
Alexanderstr
Stralsunder Str
Kreuzweg
Pulverteich
Böckmannstr
6
30
32
25
29
16
8
34
19
20
21
22
27
13

★ IMPRESCINDIBLE

Museum für Kunst und Gewerbe

El fabuloso **Museo de Arte y Comercio** *(mkg-hamburg.de; adultos/niños 14 €/gratis)* es el principal atractivo de St. Georg. Atesora unas 600 000 delicadas y magníficas piezas de artesanía de todas formas y tamaños que trazan 4000 años de historia de la humanidad mundial.

PLANO P. 72 **C6**

CONSEJO
El museo está incluido en el **bono Art Mile** *(kunstmeile-hamburg.de; entrada de 3 días 35 €)* para cinco museos, una buena opción aunque solo se planee visitar un par.

Escanea el código QR para ver las exposiciones temporales.

Colección e historia

Abreviado MK&G, este museo es un paraíso de la creatividad. Desde el período medieval al movimiento pop, su vasta colección incluye escultura, muebles, moda, joyería, pósteres, porcelana, instrumentos musicales y objetos domésticos. Destacan las cerámicas grecorromanas e italianas, arte islámico del s. XIV procedente de un mausoleo de la actual Uzbekistán y una *chashitsu* (sala de té tradicional japonesa), la primera en exponerse en un museo europeo.

Fundado en 1887, su primer director, Justus Brinckmann, quería crear un lugar que inspirara a artesanos y comerciantes locales. Adquirió objetos de exposiciones internacionales, ferias mundiales, subastas y marchantes para amasar una ecléctica mezcla compuesta por un amplio espectro de influencias sociales.

'Jugendstil'

El *Jugendstil* (*art nouveau* alemán) surgió como un "antídoto estético" a la producción en masa impersonal de la Revolución industrial. El término proviene de la revista *Die Jugend* (Juventud), que demostró que los objetos podían ser hermosos y funcionales a la vez. El MK&G concentra la mayor colección *Jugendstil* del norte del país.

SCHOENING/ALAMY

Las piezas centrales son *Tapiz de cisnes* (1897) de Otto Eckmann y el Salón de París, un salón decorado con objetos *Jugendstil* de la Exposición Universal de París de 1900. Esta sala es el ejemplo perfecto del *Gesamtkunstwerk* (obra de arte total) del *Jugendstil*.

Los modernos (1914-1945)

La sección del modernismo alemán abarca movimientos artísticos surgidos en el contexto de la I Guerra Mundial, la República de Weimar, el ascenso del Tercer Reich y la II Guerra Mundial.

Obras expresionistas como las esculturas abstractas de animales de Richard Haizmann (declarado por los nazis "artista degenerado") y objetos cotidianos del estilo minimalista Bauhaus (también condenado por los nazis por ser políticamente peligroso) son ejemplos significativos de la resistencia alemana a través del diseño.

UNA PAUSA
Al otro lado del exuberante parque Carl-Legien-Platz, **Fräulein Fritz** (p. 81) es un bonito restaurante encalado especializado en cocina alemana innovadora. Sirven divinas comidas ligeras y nutritivas.

CIRCUITO A PIE

St. Georg: alternativo y artístico

St. Georg es como una ventana al Hamburgo urbano más auténtico, un rincón multicultural y epicentro de la escena gay, unas veces tosco y otras original. En mitad de todo está Lange Reihe; casi toda la acción del barrio sucede en esta calle o sus aledaños. Ecléctico y animado, el barrio respira un auténtico espíritu comunitario.

INICIO	FINAL	DURACIÓN
Heilige Dreieinigkeitskirche	Kyti Voo	450 m; 30 min

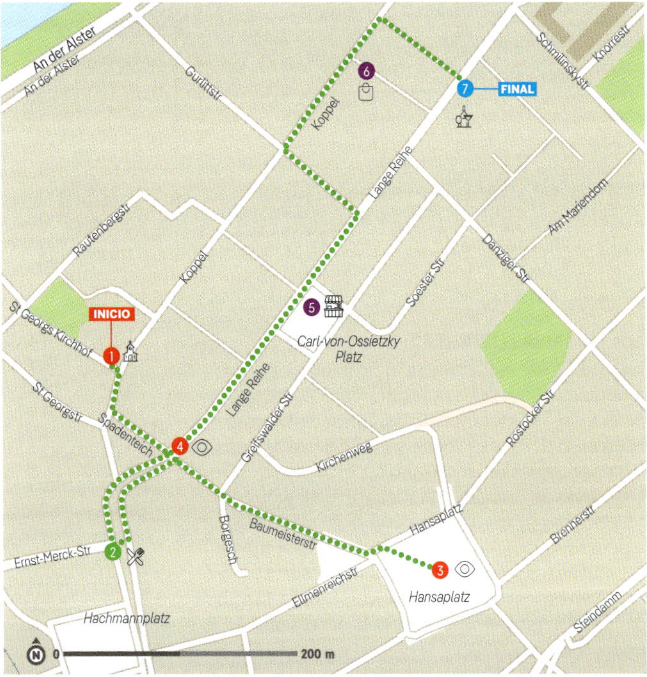

1 Iglesia barroca

La **Heilige Dreieinigkeitskirche** es una pequeña joya barroca. Esta iglesia medieval (reconstruida tras los bombardeos de la II Guerra Mundial; la torre es el único elemento original) es apreciada por su magnífica acústica y cargado calendario de conciertos. En la entrada, unas fotogénicas enormes letras multicolor forman la palabra *Liebe* (amor).

2 Café elegante

El St. Georg más moderno se da cita en **Mutterland Stammhaus** (p. 81), un distinguido café diurno de *brunch* formal, tienda de delicatesen y café en la planta superior. Tomar un café es rápido, pero para comer hay que hacer cola. La tienda "Made in Germany" tiene delicias *gourmet* (mermeladas, chocolates) bellamente presentadas y bebidas (como la ginebra Monkey 47, destilada en la Selva Negra).

3 Plaza con fuente

La aburguesada **Hansaplatz** (p. 80) es el centro neurálgico del barrio. Fiel a sus raíces, la elegante **fuente** en el centro de la plaza atrae a residentes de todo tipo. Terminada en 1878, luce figuras prominentes del pasado hamburgués, como los emperadores Constantino el Grande y Carlomagno, y está coronada por una figura que representa el poder de la Liga Hanseática medieval.

4 Calle gastronómica

En la arteria principal de St. Georg, **Lange Reihe** (p. 78), las terrazas tientan a hacer una pausa. Se encontrarán los locales gastronómicos más de moda de la ciudad: cafés relajados y una variada oferta de cocinas, desde italiana hasta tailandesa.

5 Mercado ecológico

El mercado sostenible semanal **Wochenmarkt** (p. 78), en Carl-von-Ossietzky Platz, alegra un poco las tardes del viernes. En pleno St. Georg, está esencialmente destinado a los residentes que compran productos agrícolas ecológicos. Su vibrante ambiente es un atractivo por sí mismo.

6 Tiendas de artesanos

Probablemente la mejor galería de tiendas de arte y artesanía de la ciudad, **Koppel 66** (p. 79) merece que uno deje la animada escena gastronómica de Lange Reihe (al menos por un rato). Un elegante paraíso tradicional con talleres modernos y *boutiques* de diseñadores esconde tesoros interesantes como sombreros, joyería artesana y cosmética natural.

7 Excelente coctelería

Una de las mejores coctelerías de la ciudad, **Kyti Voo** (p. 83) atrae a una clientela variada con su generosa *happy hour* (17.00-20.00) diaria; el fin de semana alarga hasta pasadas las 2.00.

EXPERIENCIAS

Pasear por Lange Reihe

CALLE COMERCIAL

PLANO: 1 P. 72 **B4**

El visitante querrá pasar la mayor parte del tiempo en **Lange Reihe,** la calle donde se concentra toda la acción local.

Abundan los restaurantes, bares, cafés y tiendas. Lo más difícil será elegir, pero las terrazas y mirar lo que comen y beben los comensales puede ayudar a tomar la decisión adecuada. Se aconseja recorrer toda la calle antes de decidirse por un establecimiento.

Las mesas exteriores cuentan con entretenimiento gratis: observar la diversa *Menschenauflauf* (literalmente, "aglomeración de gente") de St. Georg.

Visitar un mercado sostenible

PRODUCTOS FRESCOS

El mercado ecológico semanal **Wochenmarkt** (PLANO: 2 P. 72 **C3**; *food-lovers-market.de; 14.00-18.30 vi*) anima las tardes del viernes en el corazón de St. Georg. Los vendedores instalan sus puestos de productos ecológicos, artesanía hecha a mano, cosmética natural y otros productos sostenibles. Saborear ostras y vinos ecológicos y biodinámicos es un placer.

A veces organizan talleres de sostenibilidad (normalmente en alemán) sobre compostaje, suprarreciclaje y similares. Ocasionalmente el mercado pasa a la mañana; hay que consultar la web.

Asistir al mayor teatro de Alemania

COMPAÑÍA TEATRAL

El **Deutsches Schauspielhaus** (PLANO: 3 P. 72 **B5**; *schauspielhaus.de; entradas desde 20 €*) presenta interpretaciones imaginativas de obras clásicas (de Shakespeare, Goethe, Chéjov y demás) y obras nuevas. Es uno de los espacios culturales más dinámicos de la ciudad.

HISTORIA DE ST. GEORG

Es uno de los barrios más antiguos de Hamburgo. En el s. XII el distrito se desarrolló en torno al hospital de St. Georg, donde trataban a las víctimas de la enfermedad de Hansen (lepra). El hospital se hallaba extramuros para contener la propagación de la enfermedad. Tras la industrialización y la expansión urbana del s. XIX, St. Georg quedó integrado en la ciudad. A finales del s. XX se convirtió en un centro de artistas y migrantes gracias a las viviendas asequibles y la revitalización del espacio comercial. Actualmente es el barrio más multicultural de la ciudad, con, según las estadísticas, residentes de un centenar de nacionalidades.

CIUDAD DE MIGRANTES

Como ciudad portuaria, Hamburgo siempre ha sido orgullosamente cosmopolita y abierta a caras nuevas. Sin embargo, la inusitada llegada de millones de inmigrantes a Alemania en el 2015 planteó varios problemas, afectando a la vivienda pública, el bienestar y la integración en general. En el 2016 Hamburgo recibió 40 000 refugiados. Muchos inmigrantes proceden de países musulmanes; Turquía y Afganistán son el primer y el tercer país de origen respectivamente. Polonia es el segundo. Según una estimación, ahora una tercera parte de la población ha nacido en el extranjero.

Comprar en una galería de artesanos

TIENDAS BONITAS

La antigua fábrica de maquinaria **Koppel 66** (PLANO: 4 P. 72 **D2**; *koppel66.de*) comprende la mejor colección de tiendas y talleres de arte y artesanía. Varios talleres conservan las paredes de ladrillo visto, vigas expuestas y otros elementos fascinantes de la vida pasada del edificio.

Studio Maals está especializado en servicios de mesa artesanales funcionales de arcilla o porcelana; también organiza talleres de cerámica. En **Gaschler Hat Design** venden sombreros de paja panameña y elegante ropa inspirada en la década de 1920. Los jabones artesanos a base de aceite de oliva de **Zoe Seifen** son recuerdos fantásticos.

Bailar en el Golden Cut

CLUB NOCTURNO

PLANO: 5 P. 72 **A5**

Uno de los principales clubes de Hamburgo, **Golden Cut** *(golden-cut.club)* tiene una estricta política de entrada y las colas pueden ser largas. Actúan algunos de los mejores DJ locales y de gira. Suena *house*, R&B y *hip-hop*, y a veces hay grandes fiestas *after*.

Saborear pastel e historia LGTBIQ+ en Café Gnosa

'BRUNCH' Y MERIENDA

PLANO: 6 P. 72 **E1**

Con su arte abstracto y su propia panadería, el **Café Gnosa** *(@cafe_gnosa)* atrae a una afable clientela variada. Sirven desayunos hasta las 16.00, pero también se puede disfrutar de la tradición alemana del *Kaffee und Kuchen* (café y pastel) de la tarde; la panadería elabora una selección de deliciosos pasteles y pastas que varía cada día.

Fundado hacia el año 1900, lleva el nombre de la familia que lo adquirió en 1939. En la década de 1970 se hizo famoso por declararse amigable con los gays, algo muy progresista en la época. Hacia 1980 ya era reconocido como uno de los primeros cafés abiertamente gay. Entre sus eventos LGTBIQ+

destaca el primer espectáculo en solitario del legendario fotógrafo alemán Wolfgang Tillmans en 1988.

Observar a la gente en Hansaplatz PLAZA PÚBLICA

PLANO: 7 P. 72 **D5**

Aunque Lange Reihe se lleva toda la fama, el centro neurálgico del barrio es la más auténtica **Hansaplatz.** Punto de encuentro durante mucho tiempo, esta plaza pública atrae a un *Eintopf* (revoltillo) de vida local en los parques y zonas verdes de la plaza.

En el 2011 una importante renovación la hizo más hermosa y agradable, aunque los vecinos afirman que es un indicador de la gentrificación del barrio.

Visitar la cripta de Santa María ÚLTIMA MORADA DE UN OBISPO

Construida entre 1890 y 1893 en un estilo neorrománico de inspiración medieval, **St. Marien-Dom** (PLANO: 8 P. 72 **F2**; *mariendomhamburg.de; gratis*) fue la primera iglesia católica construida en Hamburgo tras la Reforma. Dentro de la basílica de tres naves, las paredes de un blanco deslumbrante ascienden al cielo, realzadas por espectaculares arcos redondos y columnas de pierda.

El gran órgano neobarroco de la entrada es una maravilla, y en la parte delantera hay un altar enmarcado por arcos dorados. A la derecha se halla una moderna extensión añadida en 2012. En el vestíbulo, una puerta lleva a una cripta y columbario bajo el altar, donde reposan varios obispos de Hamburgo en urnas cubiertas de bronce. Este vasto espacio, con paredes de ladrillo visto, suelo de piedras y poca luz, puede alojar hasta 1500 urnas.

La pieza central de la cripta es un ara de ágata con el fósil de un pez de 170 millones de años incrustado que representa el símbolo de los primeros cristianos, *Ichthys* (pez).

GENTRIFICACIÓN DE ST. GEORG

Antes formado por grandes bloques de apartamentos del s. XIX para la clase media, St. Georg tocó fondo durante la década de 1970. La reconstrucción precipitada de la posguerra junto con la creciente delincuencia le dio mala reputación. En los últimos años ha resurgido como barrio de clase obrera, socialmente diverso. Nuevos vecinos de Turquía, Oriente Medio, África y otros lugares han reconfigurado la zona con pequeños negocios y se ha convertido en el centro de la comunidad LGTBIQ+. La diversidad es un rasgo distintivo de St. Georg, pero la gentrificación pone en peligro su paisaje cultural. Unos alquileres disparados han desplazado a las comunidades vulnerables, amenazando la identidad multicultural y *queer* del barrio.

Localizaciones en el plano de la **p. 72**

Lo mejor para...

$ Económico $$ Medio $$$ Alto

Comer

En Lange Reihe

Otto's Burger $
9 C3
Hamburguesas de ternera, pollo y verduras con mayonesas especiales y sabrosas guarniciones, además de cerveza artesana. *12.00-22.00 lu-ju, hasta 22.30 vi y sa, hasta 21.30 do*

Cafe Gitane $$
10 C2
Bonito café y bar de vinos con muebles retro y una carta de temporada que ofrece cocina mediterránea y del mar del Norte. *17.00-23.00 lu-sa*

Cox $$$
11 D2
Tras sus puertas de cristal opaco, este bistró de lujo con columnas acanaladas y decoración de época abanderó la gentrificación de St. Georg. Su cambiante carta incluye platos de temporada e influencias de todo el continente. *12.00-14.30 y 18.30-22.30 lu-vi, 18.30-22.30 sa y do*

Das Dorf $$$
12 C3
Local tradicional revestido de madera que sirve especialidades del norte como el *Labskaus*. *18.00-23.00 ma-vi, desde 17.00 sa y do*

Cerca de Lange Reihe

Fräulein Fritz $
13 H5
Ofrece una excelente y cambiante carta para el almuerzo, servicio rápido y productos regionales de calidad. *11.30-15.00 lu-vi*

Café Koppel $$
14 D1
Con un jardín de verano, este café vegetariano es un oasis refinado. La carta podría ser un anuncio de los fértiles huertos del norte del país, ya que todos los platos presentan productos de temporada. *10.00-23.00*

Mutterland Stammhaus $$
15 B5
Este espacio industrial chic con toques *art déco* es el local más moderno de St. Georg y ofrece sugerentes *brunches* en sillas de cuero. El ambiente del café de arriba es más tranquilo. *7.00-20.00 lu-sa, 9.00-18.00 do*

Cocina internacional

Casa di Roma $$
16 E1
Agradable y contemporáneo, es uno de los restaurantes italianos más refinados de St. Georg. Sirve platos de pasta a buen precio; los de carne o pescado son más caros pero valen la pena. La carta cambia regularmente. *11.30-24.00*

Yume Ramen $$
17 C4
Muy acogedor, prepara rebosantes boles de *ramen* de inspiración japonesa y coreana. Es una opción popular para vegetarianos y veganos. *12.00-22.30*

Restaurant Herr He €€
18 B5
Moderno restaurante chino, apreciado por su *dim sum* y platos de estilo cantonés. Destacan los rollos de fideos de arroz con gambas y panceta. *12.00-22.30*

Injera €€
19 G3
Como bien sugiere el nombre, el *injera* (un pan plano esponjoso) es la especialidad de la casa de este local genuinamente eritreo y etíope. Preparan sabrosos estofados y verduras de lenta cocción. *12.00-22.00 do-ju, hasta 23.00 vi y sa*

L'Amira €€
20 F5
Restaurante familiar de cocina siria y libanesa: falafel, *hummus*, kebabs y otros sabores de Oriente Medio. El comedor es grande y ruidoso. *8.00-24.00 do-ju, hasta 1.00 vi y sa*

Singh €€
21 E5
Curris, *biryanis* y *tandoori* son sus platos estrella, pero ofrece una amplia variedad de platos indios tradicionales. Es muy popular por sus generosas raciones; la flamante decoración puede dividir opiniones. *16.00-23.00 do-vi, desde 12.00 sa*

Chopan €€
22 E6
Este local informal ofrece comida turca y de Oriente Medio cocinada con amor. Hay *döner* kebabs, *lahmacun* (similar a la *pizza* turca) y fuentes de *meze* personalizadas. *12.00-23.00*

Beber

Bares de ambiente

Bar Kunterbunt
23 D5
Si el cuerpo todavía pide marcha, hay que ir a este local. Como su nombre ("colorido" en alemán), tiene una clientela fija muy "así". *10.00-24.00 ma, 24 h mi-do*

M&V Bar
24 C4
La carta de bebidas es como un catálogo de diseño en este enorme bar magníficamente restaurado. Tienen reservados de madera, fresias y una agradable multitud muy diversa. *17.00-2.00*

Generation Bar
25 E1
En este popular local de fumadores en plena zona gay de St. Georg, la luz roja contribuye al ambiente relajado. *16.00-2.00 do-ju, hasta 4.00 vi y sa*

Pick Up
26 D4
Perfecto para hundirse en un sofá de estampado de leopardo fosforescente y saborear un martini bajo las festivas luces de neón. Cursi, *queer* y orgulloso de serlo. *15.00-1.00*

Tom's Saloon
27 F6
Hay que confiar en Tom para animar la fiesta. El bar gay más famoso de St. Georg, fundado en 1974, presume de cuarto oscuro, zonas de juego bien equipadas y ritmos de DJ. Hay que vestirse acorde en las noches temáticas (por ejemplo, de neón) para entrar. *20.00-2.00, hasta 17.00 sa y do*

Coctelerías

Bar Hamburg
28 A3
Local frecuentado por grandes celebridades (Mick Jagger y Claudia Schiffer, entre ellas),

con más de 70 *whiskies*, unos 250 cócteles y una zona para fumar puros y cachimbas. Hay que ir bien vestido. *16.00-1.00 do-ju, hasta 3.00 vi y sa*

Kyti Voo

29 E1

Una clientela variada toma cervezas artesanas y cócteles hasta altas horas de la noche. En momentos más soleados (o menos oscuros), se aconsejan las mesas de la terraza. La diaria *happy hour* de cócteles va de 17.00 a 20.00. *17.00-hasta tarde lu-sa, desde 14.00 do*

'Pubs'

Frau Möller

30 E1

En esta institución de Lange Reihe, las mesas del exterior rodean la esquina y la cocina abre hasta tarde. Elaboran buenos platos alemanes y la carta de vinos y cervezas es la mejor que se puede encontrar a las 5.00 de la madrugada. *11.00-4.00 lu-ju, hasta 6.00 vi y sa, hasta 3.00 do*

Comprar

Tiendas especializadas

Blendwerk

31 D2

Especializada en artículos de escritorio y papel de regalo, tiene cuadernos Leuchtturm y objetos que no se sabía que se necesitaban y que son excelentes recuerdos. *11.00-19.00 lu-vi, hasta 6.00 sa*

Weinkauf St. Georg

32 D2

Esta pequeña pero experta tienda ofrece vinos de Alemania, Francia, Italia y España, y también alguna botella de otros lugares del mundo. *11.00-19.30 lu-vi, 10.00-18.00 sa*

Atelier Figurart

33 E3

En este estudio de excéntricas marionetas y títeres artesanales se puede admirar el escaparate (pero no fotografiarlo, a petición del fabricante). *Con cita previa*

Recuerdos únicos

Art of Hamburg

34 D2

Ropa, bolsas y accesorios divertidos con tonos náuticos y eslóganes u otras referencias a Hamburgo para llevarse bonitos recuerdos de la ciudad. *11.00-19.00 lu-sa*

Kaufhaus Hamburg

35 D2

Tienen de todo, desde papelería y artículos del hogar a juegos y comida para llevarse un buen recuerdo a casa. *11.00-19.00 lu-vi, desde 10.00 sa*

Sugerencias de lugares para comer, beber y comprar en **p. 100**

Explora Speicherstadt y HafenCity

Tradición e innovación convergen frente al mar. Speicherstadt es el mayor barrio de almacenes del mundo, sobre cimientos de pilotes de madera. Símbolo de Hamburgo, estos edificios de ladrillo de siete pisos albergan hoy magníficos museos. HafenCity –una transformación en curso– alberga la excepcional Elbphilharmonie y es el rincón de mayor dinamismo arquitectónico de la ciudad. Speicherstadt y HafenCity quizá proceden de orígenes dispares (que representan las zonas más nuevas y viejas), pero comparten una sola identidad como nueva zona residencial.

Cómo desplazarse

A pie
Speicherstadt y HafenCity están unos 10 min a pie al sur del centro.

U-Bahn
Las estaciones de U-Bahn Messberg (línea U1) o Baumwall (línea U3) quedan cerca. La línea U4 conecta la estación de Überseequartier en HafenCity con el resto de la ciudad.

Ferri
Aunque es una zona ideal para explorar a pie, también se puede ir a Elbphilharmonie en ferri (Anleger Elbphilharmonie). Hay ferris entre las terminales de Elbphilharmonie y Landungsbrücken (St. Pauli).

Internationales Maritimes Museum (p. 87).
SAIKO3P/SHUTTERSTOCK

★ **LO MEJOR**

AUDITORIO
Elbphilharmonie (p. 89)

MUSEO EN MINIATURA
Miniatur Wunderland (p. 88)

BAÚL DE TESOROS
Harrys Hamburger Hafenbasar & Museum (p. 95)

HISTORIA MARÍTIMA
Internationales Maritimes Museum (p. 87)

MERCADO DE ALIMENTOS EN UN ALMACÉN
Hobenköök (p. 96)

A
B
C
D
E
F
1
2
3
4
Rödingsmarkt
Grosser Burstah
Ness
Grosse Reichenstr
Kleine Reichenstr
Kingberg
Pumpen
Steinstr
Deichtorplatz
Messberg
Túnel
Amsinckstr
Willy-Brandt-Str
Hopfenmarkt
Kleiner Burstah
Trostbrücke
Domstr
Brandstwiete
Alsterfleet
Deichstrasse
Rödingsmarkt
Steintwiete
Holzbrücke
Grimm
Neue Groningerstr
Dovenfleet
Dialoghaus
Teerhof
Oberbaumbrücke
Deichtorstr
Bankstr
Katherinenstr
Steckelhörn
Zippelhaus
Alter Wandrahm
Deutsches Zollmuseum
Poggenmühlen Brücke
Baumwall
Deichstr
Cremon
Mattentwiete
Katharinenfleet
Neuer Wandrahm
St Annenufer
Bei St Annen
Ericusbrücke
Kajen
Bei den Mühren
Kaffeemuseum Burg
Brooktorkai
Stockmeyerstr
Oberhafen Kantine
Miniatur Wunderland
Niederbaumbrücke
HafenCity
Speicherstadtmuseum
Spicy's Gewürzmuseum
HafenCity InfoCenter
Grosser Grasbrook
Am Sandtorkai
Osakaallee
Internationales Maritimes Museum
Koreastr
Shanghaiallee
Steinschanze
Hobenköök
Harry's Hamburger Hafenbasar & Museum
Sandtorhafen
Am Sandtorpark
Überseequartier
Am Lohsepark
Elbphilharmonie
Am Kaiserkai
Versmannstr
Más información
Imprescindible p. 87
Experiencias p. 94
Comer p. 100
Beber p. 100
Comprar p. 101
0
400 m

★ IMPRESCINDIBLE

Internationales Maritimes Museum

Hamburgo está marcada por su pasado marítimo, y el mejor lugar para descubrir su fascinante historia es el **Internationales Maritimes Museum** *(imm-hamburg.de; adultos/reducida 21/13 €)*. Aunque no se sea un gran amante de los barcos antiguos, vale la pena por su hermosa ubicación ribereña.

MAP PLANO P. 86 **D3**

Historia marítima antigua

Considerado la mayor colección privada del mundo de tesoros náuticos, el museo contiene 26 000 maquetas de barcos, 50 000 planos de construcción, 5000 ilustraciones, 2000 películas, 1,5 millones de fotografías y mucho más. Destaca la exposición sobre los inicios de los 3000 años de fascinación humana por el mar. Antiguos aparatos de navegación, rudimentarios sistemas de comunicación y maquetas de barcos de todas las épocas, desde fenicios a vikingos, recorren un asombroso viaje a través de las civilizaciones. Destaca el neerlandés *Atlantis Majoris, de* 1657, el primer atlas náutico de la historia.

Kaispeicher B

Muy acertadamente, esta espectacular colección se ubica en el almacén probablemente más antiguo del puerto, **Kaispeicher B**. Construido en 1878 como silo, esta estructura de 10 pisos, con sus gabletes y cornisas neogóticos, terminaría representando el estilo imperante en el s. XIX en Hamburgo y demás puertos hanseáticos.

Construcción naval

Otra exposición esencial trata de la mecánica de la construcción naval y sus cambios a lo largo de los siglos, empezando por unas piraguas talladas, entre las que se halla un tronco vaciado milenario encontrado cerca.

CONSEJO

Se necesita poco más de medio día para hacer justicia a esta vasta colección. Una buena estrategia es recorrerla toda con rapidez para tener una visión general y luego profundizar en lo que más interese.

Escanea el código QR para información sobre los circuitos guiados.

★ IMPRESCINDIBLE

Miniatur Wunderland

Hasta el más escéptico quedará encantado con este enorme **paraíso en miniatura** *(miniatur-wunderland.de; adultos/niños 20/12,50 €)*. El visitante disfrutará como un niño y se sorprenderá ante la mayor maqueta de trenes del mundo, y un A380 a escala que desciende del cielo y aterriza en un aeropuerto operativo.

PLANO P. 86 **B3**

CONSEJO
Los fines de semana y vacaciones estivales conviene comprar la entrada en línea para evitar colas, y llegar pronto, pues se forman colas para situarse en primera fila en cada exposición.

Escanea el código QR para ver el canal de YouTube del museo.

Hamburgo

Lo mejor de la colección (aparte del aeropuerto) es la reconstrucción de Hamburgo. Todo, desde el puerto a los campanarios, está perfectamente representado, con trenes automatizados y otros vehículos por sus calles. Hay que fijarse en el impresionante **Millerntor-Stadion,** donde el SV Hamburger gana al St. Pauli 3-0 (no por casualidad).

Europa y otros sitios

En la exposición principal también se representa Escandinavia (Narvik y Kiruna), Austria, EE UU (donde Las Vegas linda con Miami Beach), el centro de Alemania y Knuffingen, una recreación de una ciudad alemana.

Se sigue por Suiza, pasando al pie de la montaña por una fábrica de chocolate, hasta la parte inferior, donde se muestran paisajes europeos, como Venecia y Roma (con la Fontana de Trevi). Unos dioramas ofrecen una visión general de la historia alemana. No hay que perderse la sala de control, con un gran panel de televisiones, del que la NASA estaría orgulloso.

Aeropuerto de Knuffingen

Para muchos lo mejor de la exposición es este enorme aeropuerto en miniatura con aviones que ruedan, despegan y aterrizan por la pista; incluso hay un avión en llamas, lleno de humo, y camiones de bomberos que corren a apagarlo.

★ IMPRESCINDIBLE

Elbphilharmonie

La **Elbphilharmonie** *(elbphilharmonie.de),* majestuosamente encaramada sobre el Elba, es una de las proezas arquitectónicas más fascinantes y recientes de Europa. Enmarcada sobre un almacén histórico de ladrillo, su deslumbrante diseño de vidrio se eleva por encima del perfil de la ciudad. Su inigualable auditorio presenta una acústica excepcional y sorpresas inmersivas.

PLANO P. 86 **A4**

Arquitectura e historia

La Elbphilharmonie (abreviada "Elphi") se terminó con retraso y superó el presupuesto inicial (p. 97). Pero valió la pena. En realidad, son dos edificios en uno. La mitad inferior es un almacén de ladrillos reconvertido cuya fachada apenas se ha tocado y que hasta la década de 1990 se dedicaba a guardar cacao, té y tabaco. En lo alto, sobre los mismos cimientos, se erige un increíble edificio formado por más de 1000 paneles de vidrio curvo. Diseñado por el estudio de arquitectura suizo Herzog & de Meuron, el proyecto se inspiró en tres estructuras muy diferentes: tiendas, estadios deportivos y el antiguo teatro griego de Delfos. Con su tejado en forma de ola, pretende imitar el carácter etéreo y flotante del elemento marítimo, desde una vela al viento al movimiento del agua.

CONSEJO

Para fotografiar la Elbphilharmonie con los almacenes de ladrillo en primer plano, lo mejor es ir a **Holzbrücke,** más al norte.

Entrada

En el nivel de la calle, las escaleras mecánicas de 82 m ya anuncian un interior tan especial como su célebre fachada. Supuestamente las más largas de Europa, son una especie de tubo dorado largo y curvo que parece atravesar un túnel de burbujas mágicas.

Escanea el código QR para reservar entradas gratis para la Plaza (y evitar la cola de la taquilla).

DIMITAR12/SHUTTERSTOCK

UNA PAUSA
Frente a la entrada, **Carls Brasserie** (p. 100) sirve tentempiés de bistró francés. Aunque hay un restaurante y café en la Elphi, si se quiere caminar, **Deichstrasse** (p. 46), con una interminable oferta gastronómica, queda a 15 min a pie.

Plaza y mirador

En lo alto de la escalera mecánica, pasando por varias escaleras estilo Escher, la Plaza cuenta con una tienda, restaurantes y la entrada del hotel. El balcón dispone de un **mirador** *(gratis)* que rodea la estructura y ofrece unas vistas espléndidas.

Auditorio

El auditorio y demás salas para actuaciones –la razón de ser del edificio– son, sin duda, los mejores del mundo. Acústicamente son lo más avanzado que existe. El programa es diverso, con varios conciertos cada semana; hay entradas desde 20 €. Se recomienda reservar con antelación.

La **Sala Principal** es el espacio central donde tienen lugar las grandes funciones de sinfonía y ópera. Todas las butacas, escalonadas en varios niveles en torno al escenario central como si fueran bancales de un viñedo, ofrecen buena visibilidad. Perfectamente integrado en paredes y techos, el vanguardista sistema acústico, White Skin, incluye 10 000 paneles de hormigón de yeso moldeados individualmente que dispersan el sonido de forma uniforme. Fue diseñado por el ingeniero acústico Yasuhisa Toyota. Un órgano de 4765 tubos a medida se camufla en la pared trasera como un camaleón.

El trío de salas de conciertos se completa con dos espacios mucho más pequeños. La **Sala de Recitales,** con 550 asientos, alberga música de cámara, *jazz* y solistas en un interior de paneles de madera ondulados (otra innovación de dispersión del sonido). Y el **Kaistudios,** de 150 plazas, no suele acoger conciertos, sino talleres interactivos que presentan instrumentos tradicionales de otras culturas o juegan con sintetizadores modulares. A veces también se organizan proyectos de arte participativos; en la web figuran los eventos programados.

LEGADO MUSICAL

Tras visitar la Elbphilharmonie, se aconseja descubrir la historia orquestal en el **Komponisten-Quartier** (p. 62) de Neudstad y las salas de música en vivo de **Grosse Freiheit** (p. 125), en Reeperbahn, para entender el pedigrí musical de la ciudad.

ANIVERSARIO DEL PUERTO

La Elphi es la atracción principal de esta celebración de tres días a principios de mayo, con conciertos en una pantalla gigante situada sobre las escaleras del edificio, creando una especie de anfiteatro.

CIRCUITO A PIE

Donde Speicherstadt y HafenCity convergen

Construido entre 1883 y 1927, Speicherstadt es el mayor distrito de almacenes del mundo construido sobre cimientos de pilotes de madera. Actualmente museos y restaurantes ocupan los almacenes y edificios de ladrillo que antes formaban el frenético puerto franco. El antiguo barrio linda con la nueva urbanización de HafenCity. Este paseo descubre la esencia de los dos barrios.

INICIO	FINAL	DURACIÓN
Elbphilharmonie	Hobenköök	1,7 km; 30 min

1 Auditorio sublime

En lo alto de las escaleras mecánicas más largas de Europa, hay el mirador exterior de 360° de la **Elbphilharmonie** (p. 89). Con vistas envolventes de Speicherstadt y HafenCity (y otras zonas) es el lugar ideal para empezar.

2 Museo de Comercio

Para conocer el origen de Speicherstadt, se puede visitar este almacén centenario transformado en el **Speicherstadtmuseum** (p. 94), con exposiciones sobre el pasado comercial de Hamburgo. A veces hay muestras sobre el comercio del té y el café.

3 Colección marítima

En un barco amarrado, el **Hafenbasar** (Bazar del Puerto; P. 95) es el museo más excéntrico de la ciudad. La colección de un marinero con más de 300 000 rarezas evidencia la curiosidad cosmopolita de una ciudad portuaria.

4 Ciudad a escala

En **Miniatur Wunderland** (p. 88) hay mucho que ver, como la mayor maqueta ferroviaria del mundo. Sumamente detallada, la réplica del puerto de Hamburgo totalmente operativo es fascinante. Terminales de contenedores, grúas y cargueros a escala funcionan de forma autónoma con seguimiento en tiempo real, y ofrecen una buena perspectiva del sector logístico actual.

5 Maqueta de Hamburgo

En el **HafenCity InfoCenter** (p. 95) se puede ver una detallada maqueta arquitectónica de un Hamburgo del 2030 con una perspectiva completa de la zona marítima. Es la ciudad del futuro, aunque ahora solo existe la mitad.

6 Tesoros de las profundidades

En las entrañas de HafenCity (entre paisajes aún en pleno desarrollo), vale la pena visitar el **Internationales Maritimes Museum** (p. 87), un antiguo almacén de envío de 10 pisos, que alberga la mayor colección privada del mundo de tesoros marítimos.

7 Puente con vistas

El **Poggenmühlen Brücke** (puente de Poggenmühlen) ofrece una excelente panorámica de Speicherstadt en todo su esplendor. Es imprescindible para tomar fotos.

8 Parada en el mercado

En **Hobenköök** (p. 96), un gran almacén de carga convertido en mercado, es posible relajarse con un café o un tentempié. Queda a 10 min a pie del puente de Poggenmühlen (o un par de minutos en patinete eléctrico).

EXPERIENCIAS

Ahondar en la historia en el Speicherstadtmuseum MUSEO

PLANO: 1 P. 86 B3

Un almacén centenario es el sugerente escenario de las exposiciones sobre el pasado comercial de Hamburgo del **Speicherstadtmuseum** *(shmh.de/speicherstadtmuseum; adultos/niños 5 €/gratis)*. Cuando la ciudad se unió al Reich alemán en 1871, y por tanto a la Federación Alemana de Aduanas, se hizo necesaria la construcción de un puerto franco independiente, y así nació Speicherstadt. Hubo que derruir un antiguo vecindario y trasladar a 24 000 personas para dar paso a su construcción de 1885 a 1927. La zona se libró de la destrucción de la guerra, y en el 2015 fue declarada Patrimonio Mundial de la Unesco por su papel en la expansión del comercio mundial.

Las exposiciones inmersivas ahondan en la vida, el trabajo y el comercio del mayor complejo de almacenes del mundo. Se exponen bienes antes guardados en este lugar, como café, té, cacao y especias, así como herramientas, documentos y fotografías de los estibadores, mercaderes y negocios portuarios.

Disfrutar de la mejor vista de Speicherstadt VISTA PANORÁMICA

PLANO: 2 P. 86 E2

Los almacenes de ladrillo de siete pisos que jalonan el archipiélago de Speicherstadt se extienden hasta Baumwall, formando el mayor conjunto continuo de almacenes del mundo. Sus gabletes neogóticos y techos de cobre verde se reflejan en los estrechos canales de esta zona del puerto franco, llenos de barcos históricos.

Desde el **Poggenmühlen Brücke** se obtiene la vista más completa y es preciosa al atardecer.

Pasear por la urbanización de HafenCity RENOVACIÓN URBANA

PLANO: 3 P. 86 B3

El Speicherstadt se integra en el mayor proyecto urbanístico de Europa, **HafenCity.** Esta extensa zona portuaria de 155 Ha en ruinas se está renovando con restaurantes, tiendas, apartamentos, escuelas y oficinas. Se prevé que en los próximos 20 años cerca de 40 000 personas trabajarán en el lugar. Por el momento, con solo algunos proyectos terminados y grandes solares todavía vacíos, puede parecer inhóspito, pero la visión es impresionante. El barrio incorpora edificios de bajo consumo, soluciones de movilidad ecológicas y grandes zonas verdes para crear un espacio moderno y resiliente al clima.

Ver una maqueta de Hamburgo DIORAMA REVELADOR

Con una fachada de ladrillo rojo, la *Kesselhaus* (Antigua Sala de Calderas) parece una versión más pequeña y robusta de los almacenes de Speicherstadt. Acoge el **HafenCity InfoCenter** (PLANO: 4 P. 86 **B3**; *hafencity.com/infocenter, lu cerrado*), que merece una rápida parada, no solo por sus mapas, folletos y consejos de sus expertos turísticos, sino también por la gigantesca maqueta de Hamburgo de 8x4 m, construida a una escala de 1:500. Está increíblemente detallada, con minúsculas e intrincadas reproducciones de la Elbphilharmonie y otras restauraciones del frente marítimo. No es una maqueta de la Hamburgo actual, sino de cuando se terminen los planes de urbanización. Por el momento, solo existe cerca del 50 % de la maqueta; según las previsiones, estos sueños se harán realidad hacia el 2030.

Visitar el museo más excéntrico

BAÚL DE TESOROS

Quien se atreva a entrar en el **Harrys Hamburger Hafenbasar & Museum** (PLANO: 5 P. 86 **B3**; *hafenbasar.de; adultos/niños 5/3 €*) hallará una exposición no apta para claustrofóbicos, asmáticos o quienes se marean fácilmente.

En un barco atracado de forma permanente, el *Hafenbasar* (Bazar del Puerto) es un *Wunderkammer* (gabinete de curiosidades). Creado en 1952 para mostrar las rarezas recopiladas por el marinero Harry Rosenberg (1925-2000) en sus viajes por mar, está abarrotado con 300 000 artículos probablemente nunca vistos. Harry incluso inspiró una canción de Tom Waits.

Máscaras de iniciación, muñecas vudú, protectores de pene tribales, huesos animales y humanos y armas de piratas son algunas de las piezas expuestas en 33 salas laberínticas. Dos cráneos humanos reducidos se muestran detrás de una pared con una señal de advertencia.

Hay que tener cuidado con la cabeza al entrar y quizá tomar antihistamínicos. Abre sábados y domingos. Venden recuerdos de África occidental y otros sitios.

AFERRARSE A LA SOSTENIBILIDAD

En materia de cambio climático, Hamburgo tiene más que perder que la mayoría de las ciudades europeas. Gran parte de su masa continental está solo 6 m por encima del nivel de mar, y cualquier aumento de la temperatura global tendría un impacto catastrófico. Además, su posición junto al Elba y proximidad del mar del Norte la hacen especialmente vulnerable al clima extremo. Lamaqueta de HafenCity muestra un desarrollo urbano sostenible. La necesidad es un factor clave, pero el barrio también se está remodelando gracias al espíritu progresista de la ciudad. Con HafenCity, los urbanistas apuestan por un futuro más habitable y resiliente.

Comer de la granja a la mesa en Hobenköök MERCADO EN UN ALMACÉN

PLANO: 6 P. 86 **F3**

Coincidiendo con la renovación de HafenCity, el almacén de carga **Hobenköök** *(hobenkoeoek.de; gratis, cerrado do y lu)* se ha reinventado como mercado hípster. Desde el 2013, esta antigua nave de logística ferroviaria brinda una experiencia cultural y gastronómica centrada en productos regionales y sostenibles de granjeros, pescadores y artesanos locales. Su restaurante-cantina ofrece desayunos y platos del día, ensaladas y pasteles. También organizan clases de cocina y talleres de comida artesana.

Ver a través del sonido en Dialoghaus EXPOSICIÓN EXPERIMENTAL

PLANO: 7 P. 86 **E2**

Dialoghaus *(Casa del Diálogo; dialog-in-hamburg.de; adultos/niños 24,50/18,50 €, lu cerrado)* ofrece una impactante simulación de la vida diaria de las personas con discapacidad visual. En un circuito de 1 h, el visitante recorre salas totalmente oscuras con un guía, enfrentándose a escenarios cotidianos, como cruzar la calle o comprar. Forma parte de una iniciativa global iniciada en Hamburgo que se ha expandido a muchos países; esta organización sin ánimo de lucro también organiza cenas en la oscuridad.

Comer platos del norte en un edificio histórico RESTAURANTE INCLINADO

Desde 1925 el restaurante de ladrillo **Oberhafen Kantine** (PLANO: 8 P. 86 **F2**), bajo un puente ferroviario, sirve un gran surtido de comida tradicional local. Preparan la hamburguesa más auténtica, con cebolla y varios condimentos. El *roast beef* y el pescado redondean un viaje al pasado, cuando en los muelles de los alrededores resonaban los gritos de los estibadores. Las mesas exteriores son mejores, pero hay que reservar con antela-

PROGRESO DE LA ELBTOWER

En el HafenCity InfoCenter, en la maqueta a escala de la futura Hamburgo sobresale un edificio al noreste por encima del resto. Es la Elbtower, que algún día será el edificio más alto de Hamburgo y el tercero de Alemania. Actualmente mide 100 m, un 40 % de la altura final prevista de 245 m (la Elbphilharmonie mide 110 m). La construcción se detuvo en octubre del 2023 por la quiebra del promotor original. Desde entonces, el proyecto está parado. En el momento de escribir estas líneas, había negociaciones en curso para asumir el proyecto de 950 millones de €. Un panel informativo en el InfoCenter ofrece más detalles sobre la Elbtower.

CONTROVERTIDA ELBPHILHARMONIE

La construcción de la Elbphilharmonie, prevista del 2007 al 2010, se completó en el 2017 y dio mucho que hablar. Cuando finalmente se terminó, las polémicas sobre retrasos y sobrecostes se esfumaron, pues la mayoría de los residentes apreciaron los aplausos y el glamur que este proyecto reportó a la ciudad. Sin embargo, aún se cuestiona si los gobernantes priorizaron proyectos de edificios emblemáticos ante asuntos más urgentes como la vivienda pública, pues la Elbphilharmonie costó cinco veces más del presupuesto inicial de 200 millones de euros y la fecha de finalización se retrasó seis años.

ción. El edificio está ligeramente inclinado por la erosión del agua en los cimientos a lo largo de los años.

Descubrir la bolsa del café de Hamburgo HISTORIA DEL COMERCIO

El café tiene una conexión directa e intensa con el pasado marítimo de Hamburgo. Desde mediados del s. XIX hasta bien entrado el s. XX, era el epicentro del comercio de café y principal punto de entrada en Europa.

La *Kaffee-Börse* (Bolsa del Café) abrió en 1887. Al mismo tiempo que Nueva York y Londres creaban mercados de futuros para otros productos, Hamburgo se convirtió en la referencia del precio internacional del café. Mercaderes, corredores y empresas de transporte locales establecían sus tendencias y normas comerciales globales.

En el **Kaffeemuseum Burg** (PLANO: 9 P. 86 **D2**; *kaffeemuseum-burg.de; con audioguía 9 €, lu cerrado*) se explica la historia del café a través de una de las empresas familiares más antiguas de la ciudad.

La colección incluye antiguas tostadoras, molinillos, sistemas de elaboración y documentos de Burg Coffee Roasters que recorren todo el proceso, desde el grano y la importación, al tueste y el consumo.

Dado que gran parte de Speicherstadt se construyó para almacenar café, la ubicación del museo en un almacén de ladrillo es muy acertada.

Saborear especias exóticas con un toque de historia MUSEO DE LAS ESPECIAS

El distrito de Speicherstadt se diseñó específicamente para almacenar bienes importados como café, té, tabaco y especias, para luego distribuirlos por toda Europa. Aunque el **Spicy's Gewürzmuseum** (PLANO: 10 P. 86 **B3**, *Museo de las Especias; spicys.de; adultos/familias 7/15 €*) pueda parecer una curiosidad en una ciudad alemana (país conocido por su aversión a los condimentos), este museo dedicado a las especias y las hierbas encaja perfectamente con su historia portuaria.

LAS MEJORES EXPERIENCIAS ECONÓMICAS EN SPEICHERSTADT

Elbphilharmonie Plaza

PLANO: P. 86 **A4**

Fuera del auditorio, una entrada gratuita permite subir por las escaleras mecánicas más largas de Europa hasta un mirador de 360° a 37 m de altura. Se puede permanecer el tiempo que se quiera. La Plaza (p. 90) abre cada día. *10.00-24.00, última entrada 23.30*

Baakenpark

PLANO: 11 P. 86 **F4**

Un paraíso verde en HafenCity; con conciertos los fines de semana y alguna sesión de cine al aire libre, es un lugar ideal para (casi) escapar de las grúas y las obras del barrio. *24 h*

Harrys Hamburger Hafenbasar & Museum

véase 5 P. 86 **B3**

Entrar en la "cámara de curiosidades" de Harry cuesta muy poco y promete una experiencia memorable por varios motivos: incredulidad, fascinación y claustrofobia, entre otros.

En un antiguo almacén, un trayecto lleno de sabor recorre el cultivo y comercio mundial de las especias, con más de 900 exposiciones. Las especias, hierbas y condimentos exóticos se pueden tocar, oler y probar en una experiencia olfativa; cada una tiene una conexión con la época industrial del puerto, como los "granos del paraíso" (diminutas semillas de África occidental con un sabor cítrico picante) o la pimienta cubeba, o "pimienta de Java", un ingrediente ligeramente más amargo muy usado en la Europa medieval.

Descodificar etiquetas en el Museo de Aditivos

CIENCIAS GASTRONÓMICAS

La dilatada historia de ingeniería e innovación basada en el comercio de Hamburgo ha favorecido la creación de museos científicos con un viso excéntrico y antiacadémico.

El **Deutsches Zusatzstoffmuseum** (PLANO: 12 P. 86 **F4**; *Museo Alemán de Aditivos Alimentarios; adultos/niños 3,50 €/gratis, do-ma cerrado*) arroja luz sobre los insalubres aditivos artificiales ocultos en nuestros alimentos. Fundado por la Hamburg Food Foundation, revela cómo los aditivos se infiltran en las etiquetas de formas inesperadas. Está en alemán, pero se puede usar una *app* de traducción.

En las afueras de HafenCity, el **Medizinhistorisches Museum** es una muestra de instrumentos médicos y moldes de cera, escondidos en el Hospital Universitario. Está a 15 min en tranvía de Oberhafenbrücke o 5 min en bicicleta o patinete

CIUDAD DE MERCADERES

El carácter comercial de Hamburgo se forjó en 1189, cuando el emperador Federico I (Barbarroja) le concedió derechos de libre comercio y la exención de las tasas de aduana. El antiguo asentamiento misionero y fortaleza con foso del s. IX de Hammaburg se transformó así en un importante puerto de la Liga Hanseática. La ciudad prosperó hasta 1842, cuando un gran incendio destruyó una tercera parte de sus edificios. En la II Guerra Mundial, el 80 % del puerto y el 40 % de su industria fueron arrasados. El resurgimiento de la posguerra es un milagro económico. Además del famoso puerto, en su potente industria de comunicación se producen la mayor parte de las publicaciones alemanas.

eléctrico; hay que cruzar el puente sobre Oberhafen Kantine (p. 96).

Relajarse en la inesperada zona verde de HafenCity PARQUE URBANO

En el extremo suroriental de HafenCity, **Baakenpark** (véase 11 P. 86 **F4**) demuestra que urbanizar no solo implica espacios comerciales y obras de construcción. El parque, una interminable expansión en una península artificial de 1,6 Ha, es popular entre las familias, con áreas infantiles, zonas de pícnic bajo los cerezos y un campo de fútbol.

Evaluar tasas portuarias en el museo alemán de aduanas COMERCIO Y TRANSPORTE

El **Deutsches Zollmuseum** (PLANO: 13 P. 86 **D2**; *Museo Alemán de Aduanas; adultos/niños 2 €/gratis*) ofrece un viaje inmersivo por la historia y las transacciones actuales de la regulación aduanera en Hamburgo y Alemania en general.

En la evocadora oficina aduanera de Kornhausbrücke, el museo traza los primeros días del comercio en tiempos de los antiguos romanos, en gran parte responsables de la instauración de los impuestos y controles aduaneros en Europa, hasta la actual regulación alemana y europea.

Destaca la exposición sobre el contrabando y el barco *Oldenburg*, anclado de forma permanente fuera del museo y visitable, puesto en servicio en 1976 para patrullar por el mar del Norte y proteger el medio ambiente, prevenir el contrabando y realizar rescates.

SUGERENCIAS

Lo mejor para...

€ Económico €€ Medio €€€ Alto

Localizaciones en el plano de la **p. 86**

Comer

Comida local auténtica

Fleetschlösschen €€
14 D2
Vistas a un canal de Speicherstadt y platos de pescado al estilo del norte con ensalada de pepino y salsa *remoulade*. Poco espacio interior, excelente terraza. *11.00-22.00*

Almuerzo informal

Carls Brasserie €€
15 A4
Frente a la Elbphilharmonie, este local informal ofrece sobre todo cocina francesa; el bistró sirve *croque-monsieur* y tostadas y la *brasserie*, platos más sofisticados. El bistró ofrece mejores precios. *12.00-23.00*

Strauchs Falco €€
16 D3
Amplia carta (tapas, *pizza*, pasta, pescado y marisco) y buena calidad. Su especialidad son las carnes a la parrilla. *12.00-15.00 y 17.30-24.00 lu-vi, 12.30-24.00 sa y do*

Alta cocina

Bootshaus Grill & Bar €€€
17 B4
Para degustar un filete en todo su esplendor. Solo hay que elegir el plato y la salsa preferida. *12.00-15.00 y 18.00-22.00 ma-sa*

Table €€€
18 E3
El elogiado joven chef alemán Kevin Fehling sirve alta cocina en una mesa comunitaria en un bonito y moderno comedor. Los platos experimentales y sostenibles se inspiran en su ubicación en el futurista HafenCity. *19.00-24.00 ma-sa*

Beber

Cafés

Kaffeemuseum Burg
véase 9 D2
El museo del café de Hamburgo cuenta con una cafetería abierta al público. Los baristas sirven cafés de Burg Coffee Roasters, un negocio familiar local fundado en 1923, cuyas antiguas máquinas de elaboración del café se exhiben en el museo. *10.00-18.00*

Speicherstadt Coffee Roastery
19 B3
El patrimonio de Speicherstadt como sede de la "Bolsa del café" pervive en este elegante paraíso de la cafeína. Por si los cafés de este tostadero no fueran suficientes, también ofrece irresistibles pasteles. *10.00-18.00*

Speicherstadt Coffee Roastery.
WERNER SPREMBERG/SHUTTERSTOCK

Kaffeeklappe at Speicherstadt-museum

véase 1 B3

El Kaffeeklappe (así se llamaban los puestos de café rápido para obreros marítimos) es una adorable y sencilla cafetería del museo que sirve delicioso café hecho con granos tostados allí mismo, además de excelentes pasteles. *10.00-18.00*

Comprar

'Boutiques'

Hafen-Spezerei

20 D3

Vende exquisiteces de toda la región, como café de especialidad y té de empresas locales, en la línea de las raíces comerciales de la zona. *10.00-19.00 lu-sa*

Kuestensilber Concept Store

21 A1

En la *boutique* de la diseñadora de moda y orfebre Clementine Schmodde hay joyas de inspiración marina, como refinadas conchas y anclas, además de velas aromáticas, perfumes y más sorpresas. También vende fotografías hechas por su marido, Leif. *11.00-19.00*

Sugerencias de lugares para comer, beber y comprar en **p. 123**

Explora

St. Pauli y Reeperbahn

St. Pauli es el alter ego de Hamburgo. Su vibrante creatividad y sus asperezas imprimen carácter a la ciudad. Cuando los mercados toman la céntrica Spielbudenplatz, esta plaza es el mejor sitio donde estar, en pleno Reeperbahn. Salir de noche por St. Pauli tiene el peligro de no terminar jamás: fiestas en legendarios *Kneipen* (bares populares) y clubes *underground* en lugares como un búnker de la II Guerra Mundial o una prisión de contrabandistas. Cuando se agotan las fuerzas al final de la noche, el día despierta aletargado, salvo el domingo, cuando vale la pena levantarse pronto (o alargar la noche) para ir al famoso Fischmarkt.

Cómo desplazarse

A pie

Vagar sin rumbo es la mejor forma de recorrer St. Pauli; los cortos callejones de Reeperbahn esconden múltiples sorpresas. Cuidado con los cristales rotos, carteristas y suelos pegajosos.

S-Bahn y U-Bahn

El acceso es fácil. La estación Reeperbahn de S-Bahn (líneas S1, S2 y S3) está en pleno centro, frente a Grosse Freiheit, y con ella se cruza la estación St. Pauli de U-Bahn (U3). Feldtrasse (U3) es la parada principal del norte de Hamburgo.

Ferri

Los ferris de pasajeros paran cerca del Fischmarkt.

Mercado navideño (p. 118), Spielbudenplatz.
MIKHAIL MARKOVSKIY/SHUTTERSTOCK

★

LO MEJOR

MERCADO LEGENDARIO
Fischmarkt (p. 106)

MERCADILLO
Flohschanze (p. 116)

'BURLESQUE'
Bunny Burlesque (p. 116)

BAR DE BARRIO
Zur Ritze (p. 117)

CLUB DE 'INDIE ROCK'
Molotow (p. 120)

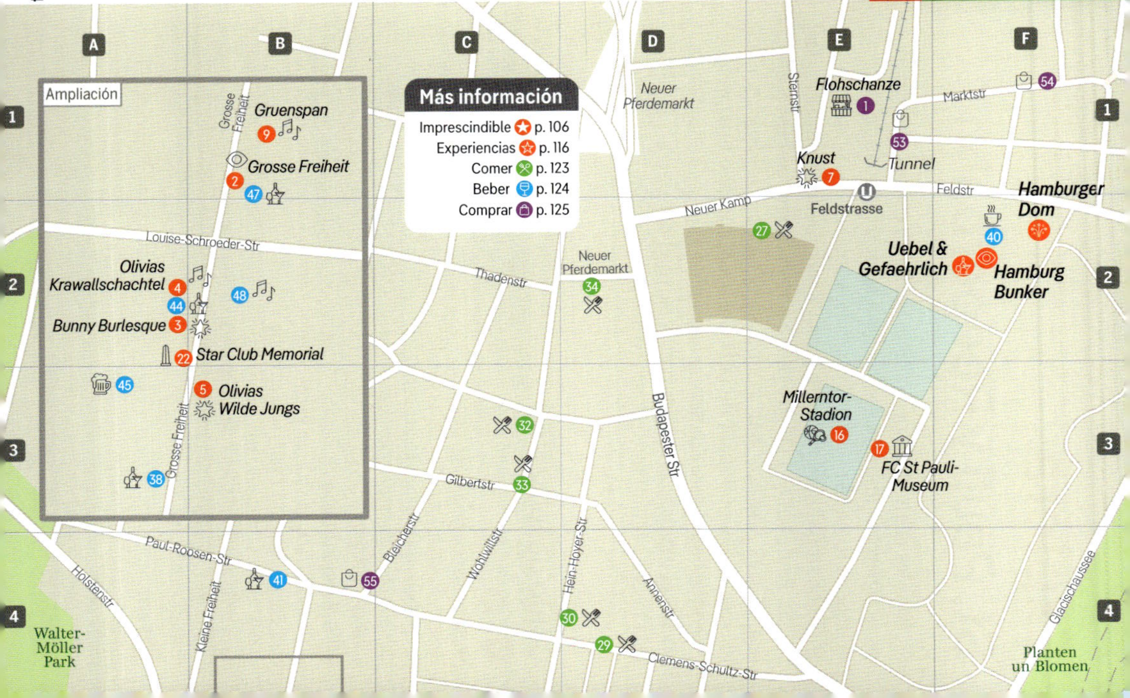
A
B
C
D
E
F
1
2
3
4
Ampliación
Más información
Imprescindible p. 106
Experiencias p. 116
Comer p. 123
Beber p. 124
Comprar p. 125
Gruenspan
Grosse Freiheit
Olivias Krawallschachtel
Bunny Burlesque
Star Club Memorial
Olivias Wilde Jungs
Louise-Schroeder-Str
Thadenstr
Neuer Pferdemarkt
Flohschanze
Knust
Tunnel
Feldstr
Feldstrasse
Neuer Kamp
Sternstr
Marktstr
Hamburger Dom
Uebel & Gefaehrlich
Hamburg Bunker
Millerntor-Stadion
FC St Pauli-Museum
Budapester Str
Gilbertstr
Wohlwillstr
Bleicherstr
Hein-Hoyer-Str
Annenstr
Clemens-Schultz-Str
Paul-Roosen-Str
Kleine Freiheit
Holstenstr
Glacischaussee
Walter-Möller Park
Planten un Blomen
1
2
3
4
5
7
9
16
17
22
27
29
30
32
33
34
38
40
41
44
45
47
48
53
54
55

Fischmarkt
Sandtorhafen
Río Elba
Puerto de St. Pauli
Frau Hedi
Túnel
Landungsbrücken
StrandPauli
Fischerhaus
St-Pauli-Fischmarkt
St-Pauli-Hafenstr
Park Fiction
Bernhard-Nocht-Str
Seewartenstr
Helgoländer Allee
Elbpark
Grosse Wallanlagen
Millerntorplatz
Budapester Str
St Pauli
Clouds
Tanzende Türme
Mojo Club
Beim Trichter
Zirkusweg
Kastanienallee
Hopfenstr
Docks
Prinzenbar
Mercado navideño de St. Pauli
Spielbudenplatz
St Pauli Nachtmarkt
Taubenstr
Davidstr
Friedrichstr
Herbertstr
Erichstr
Gerhardstr
Hans-Albers-Platz
Querstr
Balduinstr
Silbersackstr
Silbersacktwiete
Antonistr
Bertha-Keyser-Weg
Lincolnstr
Beatles-Platz
Reeperbahn
Königstr
Molotow
Nobistor
Véase ampliación
Zur Ritze
Talstr
Hamburger Berg
Seilerstr
Kleine Seilerstr
Simon-von-Utrecht-Str
Detlev-Bremer-Str
Rendsburgerstr
Grosse Freiheit
Louise-Schroeder-Str
Breite Str
200 m

★ IMPRESCINDIBLE

Fischmarkt

Una tradición del puerto desde 1703, el legendario **Fischmarkt** atrae a unas 70 000 personas. Se sea madrugador o no, es una experiencia única y vigorizante. Es fácil quedar atrapado en la marea de tentaciones sensoriales, desde el clamor de los vendedores al chisporroteo del pescado a la parrilla.

PLANO P. 104 **A8**

CONSEJO
Si se va en autobús desde Hauptbahnhof, se puede pasar más tiempo en el mercado (siempre está lleno). Después, se puede volver al centro paseando por **Elbmeile** (p. 130).

Historia portuaria

El Fischmarkt es una parte vital de la cultura marítima de la ciudad desde principios del s. XVIII. Empezó como un sencillo mercado exterior donde los pescadores vendían la captura del día directamente a sus clientes, y ahora es toda una referencia cultural, uno de los atractivos más sugerentes de negocio y placer de la historia marítima.

Delicias del mar

Quien no se sienta atraído por los clubes de *techno,* el Fischmarkt es la excusa perfecta para pasar la noche del sábado en vela. El domingo por la mañana los vendedores se instalan en la orilla y elaboran delicias en masa para madrugadores y trasnochadores. Las especialidades más icónicas son los *Fischbrötchen* (bocadillos de pescado) con exquisiteces del mar del Norte y el Elba. El surtido es increíble: arenque en escabeche, salmón ahumado, filete de pescado frito o a la brasa, gambas o cangrejos regionales, de todo. El pescado se envuelve en un rollo de pan alemán (crujiente por fuera, blando por dentro) y se sirve frío o caliente. Cada vendedor tiene sus aderezos, cada cual más creativo; hay cebolla cruda, encurtidos, lechuga y *remoulade* o salsa de rábano picante. Cada puesto los sirve a su manera. Antes de

NOPPASIN WONGCHUM/SHUTTERSTOCK

elegir, lo mejor es fijarse en lo que comen otros. Estos bocadillos son típicos de Hamburgo desde mediados del s. XIX, cuando el ajetreo comercial del puerto exigía comidas rápidas para llevar. Se puede comer de pie en una mesa o para llevar. En una fría mañana junto al río, es un desayuno ideal.

Producto fresco

Antaño los pescaderos subastaban su mercancía a voces y a ritmo trepidante para atraer a los compradores. Hoy estos *Marktschreier* (pregoneros) mantienen viva la tradición y son las estrellas indiscutibles del Fischmarkt. Colocan con arte sus productos (plátanos, cerezas, kumquats y todo lo disponisble esa semana) y lo pregonan pomposamente como si fueran directores de circo.

UNA PAUSA
Colina arriba, abierto a una tranquila plaza de St. Pauli, **Cafe Geyer** (p. 124) es un buen sitio para tomar un café lejos del gentío. Es recomendable quedarse hasta el cierre del mercado.

EL TIEMPO ES ORO
Se aconseja llegar lo más pronto posible y ver salir el sol sobre el puerto. Si se va a pie a la lonja de pescado, hay que añadir tiempo para sortear el gentío. Las mejores gangas se consiguen los últimos 30 min (9.00-9.30), ya que los vendedores prefieren bajar precios que llevarse la mercancía a casa. Después de las 9.30 quedan muy pocos vendedores (de recuerdos y ropa).

Escanea el código QR para el programa de música de la lonja.

Algunos venden *Wundertuete* (bolsas sorpresa; 15-20 €) ya preparadas con todo tipo de productos a granel. No se puede negociar y lo que hay dentro es lo que es. Algunos artículos llegan directamente de los productores, pero la mayor parte procede de mayoristas. Hay que llevar efectivo. Las ventas son rápidas y muchos vendedores no tienen datáfono.

Lonja de pescado

Inaugurada en 1896, la **lonja de pescado** es un vestigio del patrimonio marítimo de Hamburgo. Antaño escenario de subastas de pescado, ahora acoge espectáculos en vivo de 6.00 a 12.00 los días de mercado. Las bandas de pop alemán y de versiones de *rock* actúan de despertador.

El edificio es una joya arquitectónica. Por dentro y por fuera, se puede ver que se diseñó como una basílica románica (tres naves con un crucero central y cúpula, techos altos y ábsides laterales). Un armazón de metal, obra de ladrillo y un techo abovedado de hierro y cristal imprimen un carácter industrial a la fachada de inspiración espiritual. Antiguamente un gran puente permitía descargar ocho barcos a la vez directamente en el interior. El puente, y otras partes de la estructura, quedaron gravemente dañadas en la II Guerra Mundial.

Subasta de plantas

Junto a la lonja de pescado se subastan plantas desde el camión de **Hoellanderischer Bluemenkonig** (Rey de la flor holandesa). Los residentes acuden en masa en busca de buenas ofertas de plantas, desde olivos a árboles caducifolios en maceta. Resulta fascinante ver las plantas y los fajos de billetes cambiar de manos a toda velocidad.

IMPRESCINDIBLE

Hamburg Bunker

En el extremo norte del barrio, el **Bunker St. Pauli,** un refugio antiaéreo de la II Guerra Mundial, se transformó en el 2024 en una panorámica atracción cultural. En lo alto del "sendero de montaña" de hormigón, un jardín urbano en la azotea ofrece vistas de 360° de toda la ciudad. Y la visita es gratis.

PLANO P. 104 **F2**

Flakturm IV

Diseñada a principios de la década de 1940 como parte de un programa de construcción de búnkeres por todo el país, la monumental **Flakturm IV** (Torre Flak) fue una pieza importante del plan nazi para mostrar Hamburgo como la "ciudad del Führer". La construyeron cerca de 1000 trabajadores forzados de zonas ocupadas en condiciones inhumanas.

Irónicamente, el resultado de su trabajo fue un búnker que protegía a los civiles alemanes de los bombardeos aliados. Se usó mucho al final de la II Guerra Mundial. Unas 18 000 personas se refugiaron tras estos muros de 3,5 m de grosor, donde había dos torres, una para el combate y las armas y otra para la estación de radio.

CONSEJO
El búnker está junto a la estación de trenes de Feldstrasse. Tras la visita, se puede pasear por St. Pauli y descubrir su vida local.

Epicentro cultural

Aunque es un doloroso y enorme recordatorio de la era nazi, nunca se ha programado su destrucción. Otras cuestiones aparte, demoler esta inmensa estructura hubiera dañado los edificios residenciales de los alrededores. Durante la posguerra fue la sede de un conglomerado de iniciativas creativas de varios medios de

FELIX GERINGSWALD/SHUTTERSTOCK

UNA PAUSA
Junto al búnker, **Rindermarkt-halle** (p. 123) es un mercado modernizado con una zona de restauración que sirve de todo, desde auténtica *pizza* italiana a *pho* vietnamita.

comunicación para el Ensemble Resonanz, un singular conjunto de cuerda famoso por sus interpretaciones clásicas experimentales. Hoy las cinco plantas del búnker albergan un **hotel** y la tienda de café Constant Grind (p. 124), y brindan una espléndida panorámica de la ciudad. El mejor motivo para visitarla, sin embargo, es el proyecto de jardinería urbana en lo alto.

Sendero de montaña

Se trata de una **escalera** que va rodeando el exterior del edificio hasta alcanzar el jardín superior. Tiene 560 m de longitud y 60 m de alto, con unos 300 escalones.

Se aconseja ir con calma, pues hay mucho que ver por el camino. Unos carteles cuentan la historia del búnker y probablemente se querrá admirar las vistas mientras se sube. Abajo, el Millerntor-Stadion, el estadio de fútbol del FC St. Pauli con capacidad para 30 000 personas, es ruidoso los días de entreno del equipo y más aún si hay partido. También hay que fijarse en el diseño funcionalista de posguerra de la torre de televisión, cerrada al público desde el 2001. Con 271,5 m, es el edificio más alto de Hamburgo.

Jardín en la azotea

Esta iniciativa de una organización local no lucrativa es un magnífico ejemplo de desarrollo urbano sostenible, que demuestra que incluso la mayor de las junglas de hormigón puede incorporar naturaleza verde. **Hilldegarden** es un frondoso oasis en todos los sentidos. Unos 20 000 árboles y otras plantas adornan los 10 000 m^2 de la azotea. Desde este punto, el animado St. Pauli parece muy lejos y las vistas de 360° son espectaculares. El bar-quiosco vende bebidas para disfrutar en una de las múltiples tumbonas.

Malo y peligroso

El edificio guarda otro secreto: un delirante club nocturno para 1000 personas amantes de las fiestas *trance* y *techno:* **Uebel & Gefährlich** (PLANO P. 104 **F2**; *Malo y Peligroso; uebelundgefaehrlich.com*). Sesiones de DJ, música en vivo y fiestas animan este búnker insonorizado. Situado en la 4ª planta, solo abre en ocasiones especiales. El calendario completo se publica en la web. Sus eclécticos eventos culturales van de punk *rock* a monólogos humorísticos, *hip-hop* y bandas internacionales. A veces las entradas se agotan; se aconseja reservar por internet.

DÍA DE FERIA

Fundado en 1329, el **Hamburger Dom** (PLANO P. 104 **F2**) es el parque de atracciones temporal más grande de Alemania. Dura un mes y se celebra en marzo, julio y noviembre. Cada edición es distinta; por ejemplo, en invierno hay *Glühwein* (vino caliente). El recinto ferial de **Heiligengeistfeld** (junto al Hamburg Bunker) ofrece auténtica diversión de feria alemana: montañas rusas, juegos tradicionales como el lanzamiento de latas y cervecerías.

CIRCUITO A PIE

St. Pauli de día

Pocos barrios de Europa tienen tanto carácter como St. Pauli. Pero, al margen de su descaro y las luces de neón, la zona se caracteriza por su solidaridad, actitud abierta y capacidad de ofrecer algo a todo el mundo. El barrio está lleno de locales que, pese a su diversidad, reflejan su espíritu a la perfección.

INICIO	FINAL	DURACIÓN
Bunker St. Pauli	Indra Club	1,3 km; 20 min

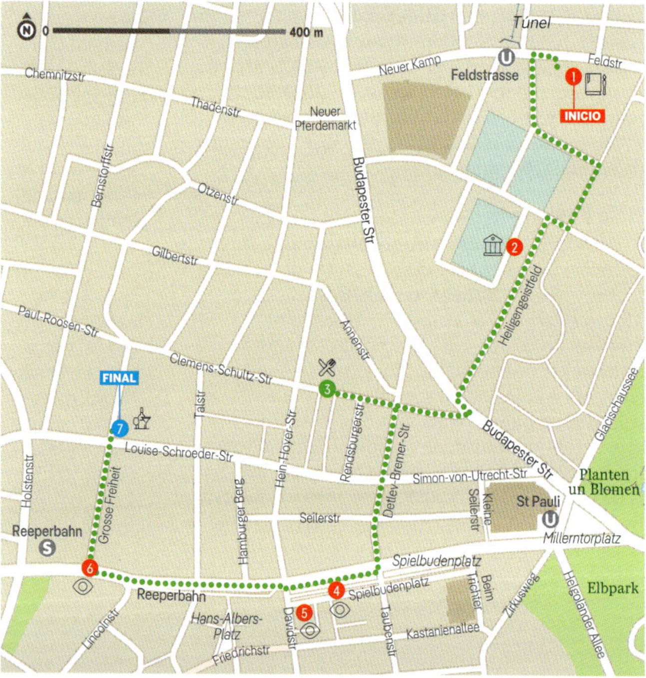

1 Reliquia de la II Guerra Mundial con jardín superior

El elevado **Bunker St. Pauli** (p. 109) es un monumento inconfundible en el barrio. Por las escaleras se aprende historia de la II Guerra Mundial, con grandes vistas de la ciudad, y al final se llega a un relajante jardín en la azotea.

2 Museo del fútbol

En el Millerntor-Stadion, el **FC St. Pauli-Museum** (p. 118), gestionado por fans y voluntarios, rinde tributo a las glorias de este único y singular equipo tan amado de St. Pauli. Las exposiciones cuentan una vibrante historia sobre el espíritu contracultural y antisistema de su afición.

3 Bar de barrio

En el encantador **Café Mimosa** (p. 123), hay espacio interior para relajarse entre florituras teatrales, o en la terraza. Es ideal para sentarse a planear un paseo por los alrededores.

4 Plaza carismática

En pleno barrio, la peculiar **Spielbudenplatz** (p. 117) es donde el distrito rojo de Reeperbahn se transforma en una animada zona, apta para todas las clases sociales. El mejor momento para visitarla es al final de la tarde o el miércoles, día del **St. Pauli Nachtmarkt** (mercado nocturno; p. 117).

5 Estrella de cine y televisión

Al sur de Reeperbahn, la **comisaría de policía Davidwache** ha protagonizado muchas series y películas policíacas alemanas (como *Tatort,* la serie policíaca de mayor duración del mundo y una obsesión nacional). Adornada con azulejos cerámicos, acoge 150 agentes, cuya misión es mantener el orden en este impúdico distrito. Un sentimiento antisistema corre por las venas de St. Pauli, así que el barrio y la comisaría tienen una especie de relación amor-odio.

6 Milla de la fiesta

Bajando por Reeperbahn (con cuidado con los cristales rotos y otras evidencias de las fiestas nocturnas) se llega a la **milla de la fiesta de Grosse Freiheit** (p. 116). En la esquina de Reeperbahn con Grosse Freiheit, **Beatles-Platz** (p. 116) es una escultura abstracta de los cuatro de Liverpool sobre un disco de vinilo.

7 Los Beatles en Hamburgo

Siguiendo por Grosse Freiheit, varias placas conmemoran los sitios clave de la época de los Beatles en Hamburgo (p. 116). La última, junto a la entrada del **Indra Club** (p. 125), marca el lugar del primer concierto que celebró la banda en Alemania, el 17 de agosto de 1960.

CIRCUITO A PIE

St. Pauli de noche

St. Pauli y Reeperbahn son el epicentro de la legendaria vida nocturna de Hamburgo. Hay tanto que ver que se necesitan varias noches para disfrutarlo. Además de luces de neón y bares abarrotados, guarda una fascinante historia que descubrir.

INICIO	FINAL	DURACIÓN
Giovanni Rocco	Kleine Haie Grosse Fische	700 m; 20 min

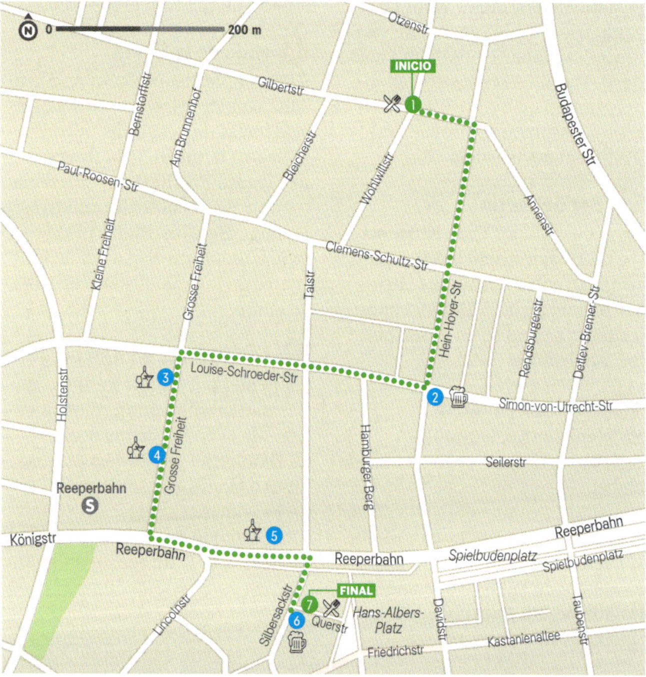

1 Pizzería

La noche empieza comiendo *pizza* en **Giovanni Rocco** (p. 123), un bullicioso restaurante italiano muy popular entre estudiantes y residentes antes de salir de fiesta. Su ambiente animado y caótico es el vivo reflejo del espíritu de St. Pauli.

2 Bar de barrio arisco

Tras la *pizza*, se puede ir a **St Pauli Eck** (p. 124), un popular *pub* local con luz tenue cubierto de adhesivos en la esquina de Simon-von-Utrecht-Strasse con Hein-Hoyer-Strasse que tiene una gramola; de hecho, cuenta con todos los ingredientes del perfecto *Kneipe* (bar de barrio). Las bebidas son fuertes y baratas y el servicio arisco.

3 Epónimo de la 'drag queen'

En Grosse Freiheit, la legendaria calle de fiesta de Reeperbahn, Olivia Jones, la *drag queen* más famosa de Alemania, posee varios bares; en su **local homónimo** (p. 124) uno se va acostumbrando al caos de St. Pauli con bebidas baratas, *Schlager* (pop alemán cursi) y quizá algún espectáculo de *drag queens*.

4 Local de los Beatles

En un taburete del diminuto **Gretel & Alfons** (p. 124) se pide una cerveza como hacían John, Paul y George. Una placa sobre la puerta rememora las horas que pasaron los Beatles durante su residencia en Hamburgo en la década de 1960. No ha cambiado mucho desde entonces; conserva los interiores de madera rústica y cerveza de barril a buen precio. Se dice que Paul McCartney una vez se fue sin pagar la cuenta, pero regresó para pagarla años más tarde.

5 Bar de barrio y gimnasio

Toca ir a Reeperbahn poniendo rumbo a la locura del legendario **Zur Ritze** (p. 117), donde todo el espectro de la sociedad hamburguesa aparece durante la noche. En el sótano hay un gimnasio de boxeo oculto, donde han entrando Mike Tyson, Muhammad Ali y los hermanos Klitschko.

6 Bar excéntrico

En **Zum Silbersack** (p. 124), un clásico de Reeperbahn, hay que probar la especialidad de la casa, el chupito de alcaravea. Puede generar un vórtice: perder horas y horas jugando a los dardos, alimentando la gramola o charlando con sus eclécticos (y a menudo excéntricos) clientes.

7 Puesto de pescado

Siempre abarrotado, **Kleine Haie Grosse Fische** (p. 123) es una institución en Hamburgo. Este *Fischbude* (puesto de pescado) sirve *Fischbrötchen* (bocadillos de pescado), pescado ahumado y carnes. Se puede comprar para llevar, que es la forma auténtica de disfrutarlo.

Comprar curiosidades en Flohschanze

MERCADILLO

PLANO: 1 P. 104 E1

En un matadero del s. XIX, **Flohschanze** *(marktkultur-hamburg.de)* es el mejor mercadillo sabatino de Hamburgo. Cientos de vendedores se instalan en una superficie de 1200 m² entre edificios industriales, un paraíso para hallar gangas. Cazadores de tesoros y adictos al *vintage* disfrutarán en estos puestos atestados. Algunos son de vendedores profesionales y otros los alquilan residentes que organizan un minirrastrillo. Hay muebles, ropa, joyas y mucho más, a menudo impregnado del amor de St. Pauli por lo alternativo y contracultural. Conviene ir pronto, antes de que desaparezca todo; en verano los curiosos se cuentan por miles.

Perderse en el terreno de Olivia

CRUCE NOCTURNO

A unos 350 m de la calle principal de Reeperbahn, la zona de *pubs* de **Grosse Freiheit** (PLANO: 2 P. 104 B1) aglutina algunos de los locales más pendencieros del distrito.

La *drag queen* más famosa de Alemania, la veterana Olivia Jones, ha construido un miniimperio de locales en un radio de 50 m, que ella misma denomina el "triángulo de las Bermudas". Se puede elegir entre el original **Olivia Jones Bar** (p. 124; *olivia-jones.de*) y la cervecería medio oculta en un patio, Olivias Kiez Oase (p. 124).

O sentir el cosquilleo de las plumas rosa y las lentejuelas en **Bunny Burlesque** (PLANO: 3 P. 104 A2; *€15*). El fin de semana hay espectáculos muy populares a las 23.30; hay que llegar pronto para encontrar un buen asiento. Los viernes y sábados hay "porno karaoke" en **Olivias Krawallschachtel** (PLANO: 4 P. 104 A2); no se canta, se doblan vídeos de películas retro alemanas para adultos. Las tramas más cursis son las más divertidas. **Olivias Wilde Jungs** (PLANO: 5 P. 104 B3; Los chicos malos de Olivia; *vi/sa 5/10 €*) es el primer club de *striptease* solo de hombres para un público exclusivamente femenino.

Recorrer la Beatlemanía alemana

HISTORIA MUSICAL

Mucho antes de que forjaran la historia del *rock*, los Beatles actuaron en *pubs* de Reeperbahn. En la famosa milla de la fiesta de Grosse Freiheit, la banda preparó el camino de su meteórico ascenso. En la esquina de Reeperbahn con Grosse Freiheit está la **Beatles-Platz** (PLANO: 6 P. 104 B6) en forma de disco de vinilo, con unas esculturas de acero abstractas de los cuatro de Liverpool (con un híbrido entre Ringo Starr y el batería original de la banda durante la época de Hamburgo, Pete Best).

El nombre de la banda aparece (junto con el de otros artistas, desde Mos Def a Kylie Minogue) en el exterior de Kaiserkeller

(p. 125). Una pequeña placa fuera de Indra Club (p. 125) conmemora el concierto inaugural alemán de los Beatles. Gretel & Alfons (p. 124) se autoproclama en una placa su *pub* favorito.

Bajar al club de lucha de Reeperbahn

GIMNASIO DE BOXEO

La entrada de **Zur Ritze** (PLANO: 10 P. 104 **C6**; *zurritze.com*), un *Kneipe* clásico de Reeperbahn, es inconfundible, con un par de piernas abiertas con tacones (de la "recepcionista" del Ritze) pintadas en la puerta. Al final de un largo callejón, es uno de los bares más solventes de Reeperbahn. Incluso atrae a algunos famosos locales. En el sótano hay un **gimnasio de boxeo** *(adultos 3 €)*, todavía activo, con un club de lucha que solo puede definirse como un peso pesado. Creado en 1974 por el exboxeador de peso medio de Alemania Oriental Hanne Kleine, el "sótano de boxeo" era un centro de entrenamiento para luchadores callejeros y porteros de discoteca.

HERMOSAS SALAS DE MÚSICA EN VIVO

Knust

PLANO: 7 P. 104 **E1**

Además de excelentes conciertos de música y sesiones de DJ experimentales, esta enorme antigua carnicería organiza desde fiestas acústicas a actuaciones recitadas. *knusthamburg.de*

Docks Prinzenbar

PLANO: 8 P. 104 **D6**

Con sus querubines, florituras de estuco y brillantes candelabros, este íntimo club barroco –un antiguo cine– acoge estilosas fiestas electrónicas, conciertos y fiestas queer. *@docksprinzenbar*

Gruenspan

PLANO: 9 P. 104 **B1**

Creada en 1889 como salón de baile, esta sala de ladrillo y estuco fue una de las primeras discotecas de Alemania. Ahora alberga conciertos de *rock*. Desde la 2ª planta se ve perfectamente el escenario. *gruenspan.de*

Relajarse en el 'seno' de St. Pauli

PLAZA PÚBLICA

Da la sensación de que siempre ocurre algo en **Spielbudenplatz** (PLANO: 11 P. 104 **D6**; *spielbudenplatz.eu*). En el corazón del barrio, esta singular plaza marca la frontera entre el distrito rojo de Reeperbahn y una zona de vibrante vida local. Es fabulosa los miércoles por la tarde, cuando el animado **St. Pauli Nachtmarkt** (PLANO: 12 P. 104 **D6**) instala sus puestos de comida y bandas de música en vivo (hacia las 18.00 o 19.00). Solo hay que buscar una silla cómoda y pedir una Astra, la cerveza alemana de culto.

A mediados de mayo e inicios de septiembre, las gastronetas invaden la plaza cuatro o cinco días para el **Food Truck Festival** de St. Pauli.

Desde mediados de noviembre a Navidad, la plaza acoge un **mercado navideño** (PLANO: 13 P. 104 **D6**) muy apropiado para Reeperbahn. Se pueden comprar juguetes XXX mientras se saborea un vino caliente. También hay espectáculos de *striptease*, "porno karaoke" y más diversión irreverente.

Subir a una lujosa torre de St. Pauli

COCINA SOFISTICADA

Vigilando la entrada oriental de St. Pauli desde el 2011, las **Tanzende Türme** (PLANO: 14 P. 104 **E6**; Torres danzantes) son un icono de Reeperbahn. Zigzaguean en ángulos de más de 3 m respecto a la vertical, por lo que recuerdan a una pareja de baile. Antes había un legendario salón de baile y ahora las torres crean un elegante contraste con la sordidez general del barrio. La azotea acoge dos iconos de Reeperbahn: el prestigioso asador **Clouds** (PLANO: 15 P. 104 **E6**; *clouds-hamburg.de*) y el contiguo **Clouds Bar** (p. 124). En el sótano se esconde el legendario local de *jazz* Mojo Club (p. 120).

Animar al FC St. Pauli en su estadio

ESTADIO DE FÚTBOL

El FC St. Pauli tiene una afición de culto: su logo de una calavera y dos tibias cruzadas en una camiseta negra se ve por doquier. El equipo de segunda división de la Bundesliga (liga profesional de fútbol alemana) juega en casa en el **Millerntor-Stadion** (PLANO: 16 P. 104 **E3**; *fcstpauli.com/millerntor*).

Los partidos más emocionantes son los derbis entre el FC St. Pauli y el Hamburger SV (HSV), el otro gran equipo de la ciudad. Esta rivalidad implica mucho más que amor por el deporte, pues el HSV se asocia a la cultura futbolística convencional y el FC St. Pauli (la oveja negra de la Bundesliga) abandera una identidad punk antisistema.

BAR DE BARRIO ALEMÁN

En St. Pauli, los *Kneipen* (*pubs* de barrio) están muy arraigados en la cultura de clase trabajadora de este barrio portuario. Antaño bares nocturnos frecuentados por estibadores, hoy simbolizan la identidad contracultural del distrito. Un buen *Kneipe* cuenta con interiores rústicos, luces tenues y aseos cutres. Quizá una gramola, una mesa de billar o una diana. A menudo se puede fumar, pero no pagar con tarjeta. Los *Kneipen* pueden ofrecer veladas cálidas y acogedoras. Las bebidas son baratas y fuertes, y su curiosa parroquia le añade encanto. Cuando todo ha cerrado, seguro que el *Kneipe* local sigue abierto hasta el amanecer.

Los diarios **circuitos guiados del estadio** *(adultos/niños 17,50 €/gratis)* visitan el campo y los vestuarios, y ofrecen información histórica. La entrada al museo (véase más abajo) está incluida. En la **tienda** del estadio venden artículos del equipo con el logo de la calavera y las tibias cruzadas, incluso hay banderas arcoíris LGTBIQ+. La tienda abre de miércoles a viernes.

Conocer la historia del fútbol en el Museo del FC St. Pauli

MUSEO DEL CLUB

PLANO: 17 P. 104 **E3**

Abierto en el 2012, el **FC St Pauli-Museum** *(fcstpauli-museum.de; adultos/niños 7/4 €)* celebra la historia y la cultura de un club de fútbol poco convencional. Gestionado por fans y voluntarios, refleja su fuerte sentido de comunidad. Las exposiciones destacan la transformación del equipo de un club de barrio (creado en 1910) a un club competitivo de ámbito nacional. Lo más importante de esta evolución es la identidad de los fans del St. Pauli como fuerza contraria a la cultura del fútbol convencional.

Escuchar 'jazz' genuino en Mojo Club

INSTITUCIÓN DE 'JAZZ'

PLANO: 18 P. 104 **E6**

En el sótano de las Tanzende Türme (p. 118), el legendario club de *jazz* **Mojo Club** *(mojo.de)* ofrece buenos conciertos. El ambiente, la acústica, el público exigente y la carta de cócteles lo convierten en uno de los mejores locales para salir. A veces no cobran entrada. Los eventos

LOS MEJORES FESTIVALES DE ST. PAULI

Hamburger Kabarett-Festival
Con sede en el St. Pauli Theater, este festival de cabaré lleva activo más de tres décadas. Su programa nocturno dura casi un mes de abril a mayo. *st-pauli-theater.de*

Schlagermove
A mediados de junio, St. Pauli acoge este extravagante pasacalles donde todo el mundo se viste a la moda de la década de 1970 en homenaje a la música disco alemana. Se desfila por el barrio desde el puerto hasta Reeperbahn y la fiesta continúa en los bares y clubes nocturnos. *schlagermove.de*

Reeperbahn Festival
Esta celebración de música en vivo abarca todos los géneros musicales imaginables y llena los locales de St. Pauli (desde sórdidos clubes nocturnos a iglesias) de público y actuaciones de calidad en septiembre. En el 2018, incluso hubo actos en la recién inaugurada Elbphilharmonie. Se aconseja descargar la app del festival. *reeperbahnfestival.com*

suelen empezar a las 20.00. Después de las 22.00, los DJ acaparan el sistema de sonido.

Unirse a Mosh Pit en el Molotow

LOCAL DE 'INDIE ROCK'

PLANO: 19 P. 104 **B5**

El legendario club de *indie-rock* **Molotow** tiene una reputación de 30 años como "escenario trampolín". Bandas como White Stripes, Mumford & Sons, Killers y Black Keys tocaron en este pequeño y sudoso sótano antes de saltar a la fama.

Algunas noches el talento puro y el público punk de St. Pauli se funden en una experiencia musical realmente electrizante.

Es una institución tan apreciada que, cuando su contrato de alquiler finalizó en el 2023, los hamburgueses enloquecieron. Una manifestación con el eslogan "El Molotow debe quedarse" congregó a miles de personas, incluyendo algunos artistas alemanes famosos, en la puerta del antiguo club.

En marzo del 2025 el Molotow se trasladó a una nueva ubicación, a pocos pasos en Reeperbahn: el antiguo Top Ten Club donde los Beatles actuaron una vez. Tiene contrato de alquiler hasta el 2037.

Bailar en la arena de StrandPauli

BAR DE PLAYA

PLANO: 20 P. 104 **C8**

Un bar de playa en el Elba con vistas a oxidados contenedores puede parecer el epítome de la cursilería alemana, pero la arena siempre llena de **StrandPauli** *(strandpauli.de)* demuestra que el concepto funciona, a pesar de las vistas.

En una franja de arena construida sobre el agua, este bar brinda un placer amanerado con tumbonas multicolor, desayunos tradicionales alemanes el fin de semana y *Currywurst* caliente. Incluso se podría decir que el deslucido paisaje del muelle contribuye a su ambiente despreocupado y relajado. En verano no hay mejor lugar para

DISTRITO PIRATA

El apodo de St. Pauli refleja sus orígenes de clase trabajadora y la actual escena contracultural. Originalmente fuera de las murallas de Hamburgo, este barrio portuario era un paraíso de la vida nocturna y ocio para los trabajadores del mar. Tabernas de marineros, burdeles y casas de apuestas precedieron al barrio rojo de Reeperbahn. La cultura punk se infiltró a finales de la década de 1970 en St. Pauli y empezaron a llegar activistas, estudiantes y artistas que ocuparon los edificios marítimos. Entre la riqueza y el prestigio de la ciudad portuaria, la existencia de St. Pauli es altamente simbólica. Demuestra que la protesta, la creatividad y el anticapitalismo también caben en Hamburgo.

relajarse y tomar el sol. También ofrece clases de yoga en la playa y fiestas con baile y DJ.

Seguir el ritmo en Frau Hedi

SALÓN DE BAILE

PLANO: 21 P. 104 **D8**

Nada puede ser más cursi que el *über Deutsch* (excepcionalmente alemán) **Frau Hedi** *(frauhedi.de)*. En un barco turístico reconvertido atracado en el Muelle 10, se celebra un *Tanzkaffee* (salón de baile) de miércoles a sábado. Un apretado calendario de DJ ofrece noches musicales temáticas, desde disco clásica a *afrobeats* o *soul* de Motown. Las fechas se anuncian en la web.

Saborear arenque frito en Fischerhaus

LOCAL DE PESCADO

PLANO: 23 P. 104 **A8**

Probablemente el mejor de los restaurantes a la carta del Fischmarkt (p. 106), **Fischerhaus** *(restaurant-fischerhaus.de)* ofrece dos opciones de cena inolvidable. La sala superior Hafenblick ofrece mejores vistas (al puerto), pero el Restaurant Rustikal (*Gaststube* o taberna de 1989) de la planta baja es más informal y familiar, y un poco más económico. El pescado frito con *Kartoffelsalat* (ensalada de patata) o *Bratkartoffeln* (patatas fritas en sartén) es la especialidad, pero con cualquier combinación de pescado y guarnición se quedará satisfecho.

LOCAL ICÓNICO

La **placa conmemorativa del Star Club** (PLANO: 22 P. 104 **A2**) honra un local que tuvo un enorme impacto pese a sus solo siete años de existencia. En la década de 1960, el Star Club acogió actuaciones legendarias de artistas como los Beatles, Jimi Hendrix, Bee Gees y Fats Domino. Se rebeló contra la censura de las versiones germanizadas y suavizadas del *rock* americano, y fue un refugio antiautoritario durante la Guerra Fría. En su apogeo, el Star Club recibía casi un millón de visitantes anuales. Cerró en 1969 y el edificio vacío se demolió en 1987 tras un incendio.

Rápel (o relax) en el Cap San Diego

CARGUERO ANTIGUO

PLANO: 24 P. 104 **F8**

El **Cap San Diego** *(capsandiego.de; adultos/estudiantes 12/10,20 €)* es un carguero desmantelado y convertido en museo flotante, hotel y circuito de cuerdas todo en uno.

Un circuito semiguiado con audioguía permite descubrir la fascinante historia de este hermoso barco de 1961 y 10 000 toneladas. Apodado el "Cisne Blanco del Atlántico Sur", transportó bienes a Alemania de 1961 a 1982. Estuvo bajo amenaza de desguace, pero la ciudad de Hamburgo lo adquirió y un equipo de voluntarios, con antiguos estibadores, se encargó de su restauración.

Ocho cabinas de pasajeros se han convertido en habitaciones de **hotel** para pasar la noche (una experiencia inédita, aunque claustrofóbica). Un circuito de cuerdas de escalada recorre los puentes y travesaños del barco, con cuerdas de seguridad y arneses para no caer en el Elba.

Disfrutar del parque favorito de los paulinos

PARQUE RIBEREÑO

El paisaje marítimo de Hamburgo se extiende hasta los 4000 m² del **Park Fiction** (PLANO: 25 P. 104 B8; *park-fiction.net*). Curiosos elementos como palmeras de plástico y un césped en forma de alfombra voladora representan a los paulinos (residentes de St. Pauli) que ayudaron a crear este gran espacio verde ribereño.

A principios de la década de 1990, los residentes, recelosos de la gentrificación, detuvieron los planes para construir viviendas. Artistas, activistas y vecinos se unieron y propusieron crear un parque público diseñado por la comunidad e inspirado en el arte. Cada uno de sus inusuales y divertidos elementos es el resultado de una idea aportada en las reuniones y talleres del barrio.

BANDERA PIRATA DEL FC ST. PAULI

Se mire donde se mire en St. Pauli, se ven vecinos con el logo de la calavera y las tibias cruzadas del FC St. Pauli. La bandera pirata se ha convertido en un símbolo oficioso del barrio, no solo del equipo de fútbol. En la década de 1980, sus fans adoptaron una identidad de rechazo a la violencia y el hooliganismo, dos problemas persistentes en el fútbol alemán. Una nueva ola de fans del Distrito Pirata (p. 120), desde punks a estudiantes, ha transformado la imagen del club con fuertes valores contrarios a cualquier forma de discriminación. Recientemente la bandera negra tradicional se ha sustituido por una del arcoíris LGTBIQ+ con el logo del equipo.

Localizaciones en el plano de la **p. 104**

Lo mejor para...

$ Económico $$ Medio $$$ Alto

Comer

Tentempiés económicos

Brücke 10 $

26 D8

Hay miles de vendedores de bocadillos de pescado en Hamburgo, pero este moderno puesto es uno de los mejores. Tiene adorables mesas fuera. *10.00-22.00*

Rindermarkthalle $

27 E2

Puestos de comida que sirven desde comida mexicana a vietnamita, en una zona de restauración estilo mercado. *8.00-21.00 lu-sa*

Panaderías

Buttercrumbs Bakery $

28 D7

Esta panadería *gourmet* elabora uno de los mejores *Franzbrötchen* (un clásico imprescindible, entre un rollo de canela y un cruasán) de la ciudad. *8.00-16.00 lu-vi, hasta 14.00 sa y do*

Café Mimosa $

29 D4

El lugar ideal para brioches calentitos, deliciosas tartas y platos del día diferentes cada día. *10.00-19.00 ma-do*

Konditorei Holger Rönnfeld $

30 D4

De la larga oferta dulce de esta aromática panadería tradicional, destaca el *Nussecken*, una crujiente pasta triangular con avellanas. *6.30-18.00 lu-vi, hasta 16.00 sa*

Bocados nocturnos

Kleine Haie Grosse Fische $

31 C6

Este local atemporal es la versión de St. Pauli de un puesto de kebab nocturno, con bocadillos de pescado, pescado ahumado y carnes. *18.00-24.00 mi y ju, 14.00-4.00 vi y sa*

Kleine Pause $

32 C3

Clásico local alemán de comida rápida estilo *Kneipe* (bar de barrio). Sirve bebidas fuertes y todo frito, con un servicio arisco muy acorde. *8.00-3.00 lu-ju, hasta 5.00 vi y sa, 9.00-2.00 do*

Restaurantes acogedores

Giovanni Rocco $$

33 C3

La pizzería más famosa de St. Pauli. El fin de semana conviene ir pronto para encontrar mesa en su ruidosa atmósfera pre-fiesta. *15.00-24.00 do-ju, hasta 1.00 vi y sa*

Clouds $$$

véase 15 E6

En la planta 23ª de las **Tanzende Türme** (p. 118), este elegante espacio sirve filetes con maravillosas vistas a la ciudad. Hay que vestir formal elegante. *11.30-14.00 y 17.00-23.00 lu-vi, 17.00-23.00 sa y do*

Nil $$$

34 D2

Moderno local de tres niveles con una carta de *slow food* basada en las estaciones y proveedores regionales. Los maridajes de sabores pueden resultar un poco osados. Las mesas del jardín de verano son de ensueño. *18.00-22.30 mi-do*

Beber

Bares de barrio

Golden Pudel Club

35 B8

Diminuto bar-club asociado a la escena punk alemana que ocupa una prisión de contrabandistas del s. XIX. La programación prioriza bandas *underground* y DJ de vinilos. *22.00-6.00*

Zum Silbersack

36 C6

Una multitud diversa y bebidas baratas prometen veladas curiosas y salvajes. Hay que probar el infame chupito de alcaravea. *17.00-2.00 lu-ju, hasta 3.00 vi y sa, hasta 1.00 do*

St Pauli Eck

37 C5

El *Kneipe* por excelencia con gramola, bebidas fuertes y personal gruñón. Los turistas que se portan mal no son bienvenidos. *17.00-tarde lu-sa*

Gretel & Alfons

38 A3

Diminuto café-bar nocturno que ha cambiado poco desde que lo frecuentaban los Beatles. Hay que sentarse en las sillas de la barra rústica e ir pronto, antes de que se llene. *18.00-6.00*

Cafés

Cafe Geyer

39 B7

Se busque un cruasán casero, un vino o un café, este establecimiento es un lugar agradable. En primavera, los árboles en flor embellecen la terraza exterior. *10.00-1.00*

Constant Grind

40 F2

Local excelente situado a medio camino del jardín en la azotea del Bunker St. Pauli. Sus grandes ventanales ofrecen vistas impecables de la ciudad. *9.00-18.00*

Coctelerías

Clockers

41 B4

Esta extravagante coctelería inspirada en un bosque, ha ganado muchos premios de mixología. Ofrece combinados muy imaginativos entre paredes de musgo, ramas y guirnaldas de luces. *20.00-1.00 mi y ju, hasta 3.00 vi y sa*

Clouds Bar

42 E6

El elegante bar sobre el **Clouds** (p. 118) atrae a una clientela exclusiva por sus cócteles perfectamente elaborados. Con buen tiempo, se puede salir a las tumbonas del Heaven's Nest en la cúspide. Exige que se vista con elegancia informal. *11.30-hasta tarde lu-vi, desde 12.00 sa y do*

Tower Bar

43 E7

Bar en la 14ª planta del Hotel Hafen que ofrece veladas tranquilas con un ambiente un poco más elegante (en comparación con Reeperbahn, al menos). Las vistas al puerto son increíbles. *18.00-2.00*

Locales LGTBIQ+

Olivia Jones Bar

44 A2

Bar de Grosse Freiheit que inició el imperio de la fiesta de Olivia Jones. En cartel hay *Schlager* (pop alemán cursi) en estéreo y actuaciones de *drag queens*. Se rumorea que el presidente ruso Vladimir Putin lo visitó. *20.00-1.00 do-ju, hasta 2.00 vi, hasta 3.00 sa*

Olivias Kiez Oase

45 A3

El "Oasis del barrio de Olivia" se esconde en un patio de Grosse Freiheit de estilo cervecería. Es el refugio perfecto cuando abruma la sordidez de la fiesta. *20.30-1.00 vi, 19.30-2.00 sa*

WunderBar

46 C5

Extravagante bar gay con luminosos interiores rojos, activo desde la década de 1990 y sin indicios de parar. Unos festivos DJ pinchan de todo, desde *Schlager* a electro. *22.00-hasta tarde*

Bares con DJ y música en vivo

Indra Club

47 B1

Sus conciertos de *rock* en vivo e *indie* mantienen su imperecedero legado. Pero ha cambiado mucho desde que los Beatles actuaron en la década de 1960. Tiene una buena terraza. *Horario variable*

Kaiserkeller

48 B2

En la zona de fiesta de Grosse Freiheit, este local de música en vivo atesora una ilustre historia de nombres famosos, desde Kylie Minogue a Mos Def (los Beatles también tocaban a menudo). Las noches de micro abierto y *jam sessions* mantienen el ambiente *underground*. *Horario variable*

Komet

49 C7

En esta joya de bar musical los vinilos giran sin parar. Las noches temáticas van desde *ska* y *rocksteady* a *garage* punk de la década de 1960 y *hip-hop*. Hay que probar la Helga (bebida dulzona de la casa), que lo convierte todo de color rosa en un santiamén. *21.00-hasta tarde*

Lunacy

50 C5

Animado bar que rezuma actitud de St. Pauli; la música es bastante intensa, con DJ que pinchan punk, *ska, rock* y *metal*, y el futbolín es cosa seria. *21.00-4.00 do-ju, hasta amanecer vi y sa*

Comprar

Ropa de St. Pauli

Crazy Jeans

51 C6

En esta institución de St. Pauli todo es negro, con cuero, tachuelas y motivos pirata. A veces tienen artículos de marca, pero en general se mira la vida con escepticismo y cabreo. *12.00-22.00*

Loonies

52 C6

Ropa y accesorios con el logo de St. Pauli y opciones de moda retro. *12.00-21.00 do-ju, hasta 22.00 vi y sa*

Flohschanze

Véase 1 E1

En el mejor mercadillo de Hamburgo cientos de vendedores se instalan al aire libre en el moderno Karolinenviertel. Reina el estilo St. Pauli. *8.00-16.00 sa*

Discos de vinilo

Zardoz Records

53 E1

Ofrece un poco de todo, buen material y vinilos y CD nuevos y de segunda mano. *12.00-18.00 lu-vi, desde 11.00 sa*

Groove City

54 F1

Se pueden encontrar sorprendentes hallazgos en su buen surtido de distintos géneros, desde *hip-hop* a ritmos latinos y *jazz*. *12.00-19.00 lu-vi, desde 11.00 sa*

Otaku Records

55 B4

El mejor amigo de los DJ o amantes de los clubes posee todos los estilos electrónicos, desde tecno a *garage* del Reino Unido. Hay que rebuscar bien; Hardy, el propietario, hace recomendaciones. *14.00-19.30 lu-vi, 13.00-18.30 sa*

Sugerencias de lugares para comer, beber y comprar en **p. 140**

Explora
Altona y Elbmeile

Altona es uno de los rincones más animados de Hamburgo, una ventana a la vida local a poca distancia del centro en S-Bahn. Antaño un pueblo independiente, la zona tiene restaurantes frente al mar y *Kieze* (comunidades de barrio) como Schanzenviertel y Karoviertel que laten al ritmo moderno de su escena contracultural.

Al pie de la colina, cerca del agua, Elbmeile es una sucesión de tentadores restaurantes y tiendas eclécticas. Esta zona y el propio Altona son ideales para pasear sin rumbo; solo así es posible descubrir su carácter y su encanto.

Cómo desplazarse

A pie y en bici

Altona se puede recorrer perfectamente a pie, pero en bici es mucho más agradable, sobre todo si se combina con otros barrios. En St. Pauli Landungsbrücken hay aparcamiento para bicicletas.

S-Bahn

Conecta la estación de Hamburg-Altona con la Hamburg Hauptbahnhof en solo 15 min; hay servicios cada pocos minutos durante el día.

Trenes regionales

Muchos trenes de Hamburgo, incluidos los de larga distancia, salen o llegan a Hamburg-Altona.

Complejo de oficinas Dockland (p. 131).
FOTO-SELECT/SHUTTERSTOCK

★

LO MEJOR

PASEO RIBEREÑO
Elbmeile (p. 130)

MIRADOR
Altonaer Balkon (p. 136)

ESPACIO CULTURAL
Fabrik (p. 139)

ARQUITECTURA MODERNA
Dockland (p. 131)

CENTRO CULTURAL
Rote Flora (p. 136)

A
B
C
D
1
2
3
4
5
6
0
500 m
Más información
Imprescindible p. 130
Experiencias p. 136
Comer p. 140
Beber p. 140
Comprar p. 141
Fabrik
8
Barnerstr
Nernstweg
Bahrenfelder Str
Friedensallee
Zeise Kino
7
17
16
15
Abbestr
Zeissstr
Hohenesch
Kleine Rainstr
Grosse Rainstr
Hahnenkamp
Scheel-Plessen-Str
Präsident-Krahn-Str
Erdmannstr
Am Born
Nöltingstr
Bergiusstr
Ottenser Hauptstr
21
24
20
13
11
9
Rothestr
Spritzenplatz
Stangestr
Am Felde
Paul-Nevermann-Platz
Eulenstr
Klausstr
4
Denkmal für Polnische Juden
Grosse Brunnenstr
Keplerstr
Arnoldstr
Bahrenfelder Str
Bonningstr
Rothestr
Prahlstr
Holländische Reihe
Ottenser Markt-platz
Platz der Republik
3
Black Form
Museumstr
Elbchaussee
Klopstockstr
Altonaer Balkon
1
Kaistr
Neumühlen
Grosse Elbstr
Elbmeile
Grosse Elbstr
10
18
Museumshafen Oevelgönne
Elbstrand
Dockland
Río Elba
Haubachstr
5
Viktoria-Kaserne
Julius-Leber-Str
Goetheallee
Max-Brauer-Allee
Lampstweg
Goethestr
Esmarchstr
Billrothstr
Schomborgstr
Grosse Bergstr
Neue Grosse Bergstr
Bugdahnstr
Jessenstr
Ehrenbergstr
Altonaer Poststr
Mörkenstr
Schillerstr
Schmarjestr
Königstr
Behnstr
Palmaille

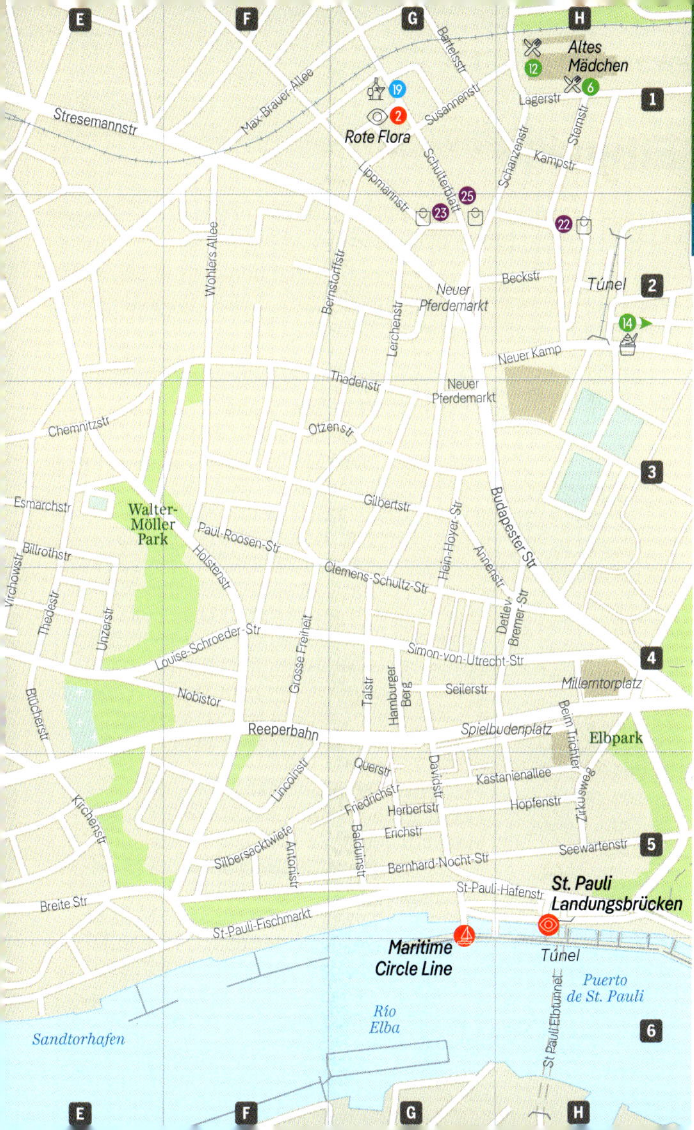
E
F
G
H
Altes
Mädchen
12
6
19
2
Rote Flora
Bartelsstr
Susannenstr
Lagerstr
Sternstr
Schanzenstr
Kampstr
Schulterblatt
Lippmannstr
25
23
22
Max-Brauer-Allee
Stresemannstr
1
Wohlers Allee
Bernstorffstr
Lerchenstr
Neuer
Pferdemarkt
Beckstr
Túnel
2
14
Neuer Kamp
Thadenstr
Neuer
Pferdemarkt
Chemnitzstr
Otzenstr
3
Esmarchstr
Walter-
Möller
Park
Gilbertstr
Budapester Str
Paul-Roosen-Str
Billrothstr
Holstenstr
Clemens-Schultz-Str
Hein-Hoyer-Str
Annenstr
Virchowstr
Thedestr
Unzerstr
Louise-Schroeder-Str
Grosse Freiheit
Detlev-Bremer-Str
Simon-von-Utrecht-Str
4
Nobistor
Talstr
Hamburger Berg
Seilerstr
Millerntorplatz
Blücherstr
Reeperbahn
Spielbudenplatz
Beim Trichter
Elbpark
Lincolnstr
Querstr
Davidstr
Kastanienallee
Kirchenstr
Friedrichstr
Herbertstr
Hopfenstr
Zirkusweg
Silbersackstwiete
Antonistr
Balduinstr
Erichstr
Seewartenstr
5
Bernhard-Nocht-Str
St-Pauli-Hafenstr
St. Pauli
Landungsbrücken
Breite Str
St-Pauli-Fischmarkt
Maritime
Circle Line
Túnel
Puerto
de St. Pauli
St Pauli Elbtunnel
Río
Elba
Sandtorhafen
6
E
F
G
H

★ IMPRESCINDIBLE

Elbmeile

Principal zona residencial a orillas del río, el paseo de **Elbmeile** (Milla del Elba) está repleto de cafés de playa y bares frente al mar, animados o más relajados. El paseo por la zona no es una atracción en particular, sino que se goza de las vistas del puerto y la libertad de dejarse llevar.

PLANO P. 128 **C6**

CONSEJO
Los 4 km de Elbmeile desde el Museumshafen Oevelgönne hasta St. Pauli Landungsbrücken se pueden recorrer en bici. Un ferri va del Museumshafen Oevelgönne al Fischmarkt (p. 106); luego se camina hasta St. Pauli Landungsbrücken (cerca de 1 km).

Museumshafen Oevelgönne

En el extremo más occidental de la Elbmeile, el **Museumshafen Oevelgönne** (PLANO P. 128 **A6**; Museo del Puerto Oevelgönne) es un bastión de nostalgia marítima. En el muelle se exhiben veleros restaurados y barcos en activo de los ss. XIX-XX del antiguo pueblo pesquero de Oevelgönne. Si se buscan tesoros fuera de lo común, Oevelgönne es el sitio ideal. Su **Elbstrand** (PLANO P. 128 **A6**) es popular para tomar el sol y un curioso rincón de arena donde se pueden hacer barbacoas. También hay un club de playa, elegante arquitectura de David Chipperfield e interesantes elementos portuarios, como una sección de cabañas de capitán antiguas.

St. Pauli Landungsbrücken

Elbmeile sigue la orilla al este hasta el **Fischmarkt** (p. 106) y termina geográficamente en el llamado **St. Pauli Landungsbrücken** (PLANO P. 128 **H5**; a veces solo Landungsbrücken). Es el puerto central de Hamburgo. Diez pontones de 1907 amarrados bajo elegantes cubiertas son excelentes ejemplos de arquitectura *Jugendstil* (p. 74; movimiento *art nouveau* alemán de finales del s. XIX). El edificio central de la terminal y su torre del reloj suelen concentrar un caos multitudinario

St. Pauli Landungsbrücken.
SHEVIAKOVA KATERYNA/SHUTTERSTOCK

de grupos de cruceristas y personal de crucero que ofrece a voces las últimas plazas de sus circuitos. Siguiendo un poco más, pronto se llega al Speicherstadt y la **Elbphilharmonie** (un paseo de unos 20 min; P. 89).

Dockland

Pasado el **Fischmarkt,** la orilla del Elba pasa de la historia a la modernidad, aparentemente en unos pocos pasos. El cambio se produce en el **complejo de oficinas Dockland** (PLANO P. 128 **B6**), un sublime ejemplo de arquitectura marítima moderna. Desde el paseo, esta llamativa estructura litoral parece emerger directamente del agua (en realidad, se asienta sobre una pequeña sección artificial sobre el Elba). Terminado en el 2006, luce un diseño elegante que parece un barco escalonado. Aunque es de uso privado, se

Escanea el código QR para un circuito autoguiado por el ribereño Oevelgönne.

ELBMEILE, UN NOMBRE EQUÍVOCO
El nombre de Elbmeile ("Milla del Elba") es engañoso: no mide 1 sino 2,5 millas (4 km). Además, no es un paseo marítimo, por lo que es mejor recorrerla en bicicleta.

puede subir a la 'proa', una terraza en la azotea accesible por una escalera pública (no hay ascensor). Desde allí hay unas vistas privilegiadas poco conocidas sobre el río, los cruceros y el tráfico fluvial.

Cruceros por el puerto

Casi todos salen de St. Pauli Landungsbrücken y se realizan a bordo de una *Barkassen* (pequeña barca de pasajeros histórica) tradicional. Duran 1 o 2 h. Hay gran variedad de operadores; lo mejor es decidir según el tipo de crucero deseado (vistas al atardecer, historia o salir del río para explorar los canales). Los cruceros nocturnos son los más populares porque se pueden ver los almacenes iluminados; deben reservarse con

Övelgönne.
LAPA SMILE/SHUTTERSTOCK

antelación. Si se prefiere visitar el puerto sin prisas, **Maritime Circle Line** (PLANO P. 128 **G5**) ofrece barcos turísticos con paradas en los principales puntos de interés, incluyendo el **Internationales Maritimes Museum** (p. 87).

Ferris locales

Elbmeile está hecha para pasear, pero existe la posibilidad de recorrer al menos una parte en **ferri de pasajeros HADAG**. Estos pequeños barcos atracan en el Museumshafen Oevelgönne y en Fischmarkt, St. Pauli Landungsbrücken y la Elbphilharmonie para trasladar a los residentes por el río, pero también sirven como circuito fluvial. La experiencia es genuinamente local y una forma más tranquila de explorar que un crucero oficial. St. Pauli Landungsbrücken es el nodo principal de las siete líneas de HADAG, que surcan el Elba. La línea 62 tarda 30 min del Museumshafen Oevelgönne a la Elbphilharmonie; los ferris circulan cada 15 min durante todo el día.

Pueblo portuario histórico

Los orígenes de Övelgönne datan del s. XVII, cuando floreció como pequeño pueblo de pesca y construcción naval. Hacia el s. XIX, la industrialización y expansión del puerto dejaron abandonadas muchas casas de madera tradicionales por la marcha de sus residentes al interior. Övelgönne se fue integrando progresivamente a Hamburgo en el s. XX. En la década de 1970, varias iniciativas de preservación empezaron a recuperar el encanto del histórico puerto.

ALOJARSE EN ALTONA

Es posible ahorrar unos euros alojándose en Altona, junto a Elbmeile, una zona llena de restaurantes informales, *pubs* acogedores y alojamientos económicos. La zona en torno a la estación es como un pueblo y cuenta con muchos restaurantes a buen precio que abren hasta tarde. El ambiente residencial de día y las calles sin gentío de noche son una buena alternativa al centro, a solo 20 min en tren o autobús.

CIRCUITO A PIE

Ottensen: encanto discreto

Al oeste de la estación de Hamburg-Altona, Ottensen es donde muchos visitantes se enamoran de Hamburgo. Cuenta con pocos puntos de interés tradicionales, pero da la sensación de que es el lugar donde se vive una cotidianeidad auténtica. Ni ostentoso ni extravagante, es uno de los rincones más queridos de Hamburgo.

INICIO	FINAL	DURACIÓN
Klippkroog	Familien-Eck	900 m; 20 min

1 Café local predilecto

Los residentes de Altona solo hablan maravillas de **Klippkroog.** Este apreciado café sirve platos basados en productos regionales de temporada, es decir, clásicos del norte de Alemania con un giro creativo. Un interior agradable con mesas de madera, mucha luz y buen café se conjuran para empezar bien el día.

2 Monumento de la II Guerra Mundial

Paseando por la frondosa plaza pública Paul-Nevermann-Platz se llega a un solemne monumento de granito, el **Denkmal für Polnische Juden** (p. 137), que conmemora la deportación forzosa de más de 800 judíos polacos de Altona el 28 de octubre de 1938 durante la *Polenaktion* (Acción Polaca).

3 Museo local

Más al sur, esta frondosa zona verde da paso a una plaza pública diferente, Platz der Republik. En Museumstrasse, el **Altonaer Museum** ofrece un rápido recorrido por el arte y la historia cultural del norte de Alemania. Destacan varios salones de granjas y una sala con maquetas de granjas; también hay un *Wunderkammer* (gabinete de curiosidades) que deleita a los más pequeños.

4 Artículos para el hogar daneses

La sucursal de Altona de esta tienda danesa de artículos para el hogar de diseño (y asequibles), **Søstrene Grene** (p. 141) es una de las preferidas del barrio. Ofrece una gran selección de artículos que captan la esencia del diseño escandinavo. Sus colecciones de colores náuticos y motivos costeros apelan a las raíces marítimas de la ciudad; abundan las coincidencias entre Hamburgo y Dinamarca debido al comercio histórico en el mar del Norte.

5 Café y pastel

Si no se puede ir por la mañana al alegre **Café Mikkels** (p. 140), que combina afabilidad y tonos pastel, su terraza es ideal para tomar el sol de la tarde. La deliciosa tradición alemana del *Kaffee und Kuchen* (café y pastel) alcanza la perfección en este establecimiento. La carta de pasteles cambia a menudo y todo es casero.

6 Bar de barrio

Quizá sea muy sencillo, pero el **Familien-Eck** (p. 141) tiene todo lo que un buen *Eckkneipe* (bar corriente en una esquina) debe tener. Un servicio agradable y sin pretensiones demuestra que, aunque ahora esté integrado en Hamburgo, Altona aún es un pueblo. Frecuentado por vecinos, los fines de semana hay DJ en la cabina más diminuta de la ciudad.

EXPERIENCIAS

Relajarse con vistas al "balcón" de Altona

PARQUE PANORÁMICO

En Altona se puede ver el ir y venir del río y el puerto desde uno de los mejores miradores de la ciudad. El acertadamente llamado **Altonaer Balkon** (PLANO: 1 P. 128 **C6**; Balcón de Altona) ofrece excelentes vistas del puerto desde sus panorámicas alturas.

El nombre del parque no es nada exagerado; situado en lo alto de una colina 27 m encima del Elba, ofrece amplias vistas del trajín y la silueta de la ciudad; desde este punto se ven algunos de los edificios más notables, como la Elbphilharmonie (p. 89). El punto más alto del balcón, la terraza principal, bien merece el ascenso, pero hay magníficas vistas desde todo el parque. Es ideal para un pícnic o pasear por sus hermosos senderos, especialmente al atardecer.

Asistir a un evento cultural en Rote Flora

HITO ANTIGENTRIFICACIÓN

PLANO: 2 P. 128 **G1**

Uno de los vestigios más impresionantes del duro pasado de este barrio que se está gentrificando es **Rote Flora** *(rote-flora.de; gratis)* repleto de grafitis. Desde fuera, el otrora elegante teatro del s. XIX ahora parece estar a un paso del derribo, pero es uno de los referentes más importantes del activismo descarnado y antisistema de Schanzenviertel.

En 1989, al descubrir los planes para recalificar el teatro Flora en un centro comercial, los activistas lo ocuparon. En el 2014 el Gobierno de Hamburgo le concedió protección legal y prohibió el desarrollo empresarial del sitio. Rote Flora sigue bajo el control de los activistas y ahora es un *autonomes Zentrum* (centro autónomo) gestionado por grupos de orientación política. Aunque por fuera parezca descuidado (es un lugar popular para los sintecho), es un centro cultural alternativo y un firme recordatorio para los promotores de que la gentrificación debe tomarse en serio en una zona en constante cambio. En la web figura el cargado calendario de actuaciones, lecturas literarias y protestas.

Rendir homenaje al monumento del Holocausto

ARTE PÚBLICO

Frente al Rathaus (ayuntamiento) de Altona, hay una siniestra estructura cuboide negra. Su color y forma contrastan con el ayuntamiento neorrenacentista lacado en blanco, antes una gran estación de trenes. El cubo es una instalación abstracta y un monumento conmemorativo del artista judío-americano conceptual y minimalista Sol LeWitt titulada **'Black Form'** (PLANO: 3 P. 128 **C5**). Desnuda e imponente, la escultura está hecha de hormigón armado cubierto de pintura negra. *Black Form* está dedicada a los judíos de Altona (p. 139) expulsados y finalmente asesinados en el Holocausto.

Visitar un monumento a los judíos polacos MONUMENTO DEL HOLOCAUSTO

Entre la vegetación de Paul-Nevermann-Platz, cerca de la estación Hamburg-Altona, un monumento de granito conmemora a las víctimas del Holocausto. El **Denkmal für Polnische Juden** (PLANO: 4 P. 128 **B4**) recuerda la deportación forzosa de más de 800 judíos polacos de Altona durante la *Polenaktion* (Acción Polaca) alemana el 28 de octubre de 1938.

Ese día más de 800 ciudadanos polacos de Altona fueron arrestados, detenidos en los cercanos cuarteles Viktoria y luego deportados a Polonia. En todo el país, la *Polenaktion* expulsó por la fuerza a más de 17 000 judíos polacos.

Recorrer los sombríos cuarteles Viktoria HISTORIA DEL HOLOCAUSTO

Al antiguo **Viktoria-Kaserne** (PLANO: 5 P. 128 **D2**; *gedenkstaetten-in-hamburg.de; gratis*) llevaron por la fuerza a cientos de judíos polacos el 28 de octubre de 1938 durante la *Polenaktion*. La siguiente parada fue la estación de trenes de Altona, desde donde fueron deportados a Polonia sin alojamiento, comida ni documentación, creando una crisis humanitaria.

Hoy el cuartel es un espacio conmemorativo y expositivo gestionado por la fundación sin ánimo de lucro de monumentos de Hamburgo. Al entrar en la **exposición en una escalera denkXmal**, se recorre la desgarradora historia de estos cuarteles a través de murales, fotografías de archivo y muestras informativas. La parte más evocadora es el antiguo pabellón

UN PUERTO DANÉS

Altona empezó como un pequeño asentamiento bajo el Gobierno danés. En 1640 Cristián IV de Dinamarca constituyó la ciudad como puerto franco y centro comercial en competencia directa con Hamburgo. Su ubicación y su tolerancia religiosa le ayudó a florecer como parte de Dinamarca hasta que Prusia luchó por su control y lo ganó. En los ss. XVII-XVIII era un centro multicultural, hogar de judíos, neerlandeses y otras comunidades de migrantes. En el s. XIX, la expansión urbanística integró Altona en Hamburgo; el pueblo vecino de Ottensen –también históricamente gobernado por los daneses– ya había sido absorbido por Altona.

UNA CERVEZA ÚNICA

Cada año las cervecerías de Hamburgo se congregan en el inigualable Senatsbock, un ritual iniciado en la década de 1950, pero abandonado hacia la década siguiente. Un nuevo grupo de cervecerías recuperó la tradición en el 2014 y ahora nueve fabricantes participan en el evento, entre ellos varias cervecerías artesanas como Ratsherrn (en Altes Mädchen). En enero se celebra la ceremonia de apertura del barril (una gran fiesta de los amantes de la cerveza locales, que visten trajes regionales y sombrero). Por toda la ciudad se vende cerveza y productos del Senatsbock hasta que se acaban.

de equitación y entrenamiento, el entonces punto de reunión de los detenidos.

Escasean las traducciones; si no se sabe alemán, es esencial una *app* de traducción o contratar un circuito guiado con antelación a través de *denkXmal@fux-eg.org*.

Saborear una cena maridada con cerveza artesana

EXPERIENCIA GUSTATIVA

Hamburgo es el paraíso de los apasionados de la cerveza artesana, con una fantástica escena de más de 20 cervecerías artesanas. Una de las más prominentes es **Ratsherrn Brauerei,** ubicada en Altona. En la cervecería ofrecen circuitos con cata, pero es más interesante dirigirse a la vuelta de la esquina, al restaurante **Altes Mädchen** (PLANO: 6 P. 128 **H1**; *altes-maedchen.com*).

Sus sumilleres sugieren maridajes de Ratsherrn guiados por los gustos del cliente y la sugerente carta del Altes Mädchen con platos europeos modernos de inspiración regional, como la hamburguesa de ternera del norte de Alemania (isla Rügen), un trío de *Bratwurst* o un crujiente codillo de cerdo.

El edificio era un mercado de animales del s. XIX, y su solemne interior de ladrillo rojo es el escenario culinario ideal. Hay una panadería, un tostadero de café y un jardín; y un *pub* cervecero, donde se puede seguir explorando la bodega de cerveza Altes Mädchen (Vieja Chica). Tiene unas 30 opciones de barril y unas 50 en botella.

Ver una película en el Zeise Kino

CINE DE ARTE Y ENSAYO

PLANO: 7 P. 128 **A3**

El excelente **Zeise Kino** *(zeise.de; entradas lu-vi/sa y do 10/11 €)* proyecta películas de arte y ensayo en versión original (con subtítulos en alemán) los Martes Originales. Este cine-*boutique* ofrece una experiencia llena de carácter con ambiente industrial antiguo y una mezcla de decoración retro y moderna. Incluso hay palomitas gratis.

A las 22.30, una sesión de preestreno programa un filme sorpresa en versión original antes de su estreno oficial alemán. Las entradas se venden por orden de llegada.

En verano también organiza cine al aire libre (con películas en versión original) en el fantástico patio oculto del Rathaus de Hamburgo (p. 38).

Regalarse una velada en Fabrik

SALA DE ESPECTÁCULOS

PLANO: 8 P. 128 **A3**

Esta fábrica convertida en sala de conciertos es la sala más icónica de Altona. Durante más de 50 años, **Fabrik** *(Fábrica; fabrik.de)* se ha mantenido fiel a su intención fundacional de combinar bajo un mismo techo eventos artísticos, culturales y comunitarios para los vecinos del barrio. Dada su antigua vida como fábrica de metalurgia y maquinaria, es un edificio industrial impresionante que aporta carácter a los conciertos clásicos y veladas de baile. Programa humoristas internacionales y bandas de *rock* de eras pasadas (ya no encabezan las listas de superventas, pero sus grandes éxitos son conocidos). El repertorio cultural incluye teatro, cine y mercadillo; en la web se puede consultar el calendario y comprar entradas.

HISTORIA JUDÍA DE ALTONA

Antes del Holocausto, Altona tenía una de las poblaciones judías más numerosas del norte de Alemania. La falta de libertad religiosa durante el Hamburgo anterior a la Reforma hizo que Altona, entonces bajo soberanía danesa, fuera un refugio seguro para askenazíes, sefardíes y otras minorías. En 1660 la ciudad concedió a los judíos cartas de protección real que garantizaban su seguridad para establecerse y practicar su religión. Esto atrajo a familias que huían de la persecución en toda Europa. Altona se convirtió en centro de estudio y sede del Gran Rabinato de Altona (la autoridad religiosa del norte de Alemania). A principios del s. xx, antes de la persecución nazi, la comunidad judía contaba unas 2500 personas.

SUGERENCIAS

Lo mejor para...

$ Económico $$ Medio $$$ Alto

Localizaciones en el plano de la **p. 128**

Comer

Comida rápida

Flying Market $

9 A4

Esta sucursal del Flying Market vietnamita es popular por su cocina fresca y auténtica. Sus *pho* (sopa), platos de fideos y *bun* (ensalada de fideos de arroz) son de los mejores de comida asiática de la ciudad. *11.30-22.30*

Atlantik Fisch $$

10 C6

En este sencillo café regentado por uno de los principales pescaderos de la ciudad, se pueden probar 20 variedades de *Fischbrötchen* (bocadillos de pescado). *6.00-16.00 lu-vi, desde 7.00 sa*

Tide $$

11 A4

Parte café (bocadillos, sopas, pasteles y café) y parte delicatesen (aceites de oliva, conservas caseras de frutos del bosque). Su singular decoración incluye maderas recuperadas de playas danesas, algunas convertidas en obras de arte en venta. *8.00-18.00 lu-vi, desde 10.00 sa y do*

Comida contemporánea

Bullerei $$$

12 H1

Este antiguo matadero reinventado y ruidoso, con bonitos techos altos, no es el sitio ideal para una cena romántica. Uno de los restaurantes más modernos de la ciudad, sirve platos de filete y opciones de influencia italiana. *11.00-23.00*

Dulces

Eisliebe $

13 A4

Algunos de los mejores helados se sirven en esta pequeña heladería (localizable por la cola). Siempre tienen una docena de sabores caseros naturales; se recomienda cubrirlos de frutos del bosque frescos. *12.00-21.00*

Minus $

14 H2

Disco, cócteles y helado casero, no se puede pedir más. Se puede tomar un Aperol Spritz (la bebida veraniega favorita de los alemanes) con un helado de *brownie* de menta o caramelo salado. Suele haber fiestas con DJ. En Instagram figuran los detalles. *17.00-2.00 lu-ju, hasta 3.00 vi, 15.00-3.00 sa, hasta 23.30 do*

Beber

Cafés encantadores

Café Knuth

15 B4

En este espacioso y moderno café de dos pisos se puede tomar un café entre estudiantes y creativos o saborear la bebida al aire libre en una mesa de pícnic. Ambiente agradable de la mañana a la noche. *9.00-hasta tarde*

Café Mikkels

16 A3

Para desayunar huevos ecológicos o sentarse fuera a tomar el sol de la tarde. El café es excelente, como cabría esperar. *9.00-18.00 lu-sa, desde 10.00 do*

'Pubs' acogedores

Familien-Eck

17 A3

Este clásico de Altona es todo lo que un buen bar de barrio debe ser: acogedor, sin pretensiones y relajado. La clientela es variada, desde residentes mayores a estudiantes. Además, los precios son asequibles. *15.00-5.00*

Zum Schellfischposten

18 D6

No lejos del **Fischmarkt** (p. 106), el último y más antiguo *pub* de marineros de Hamburgo rezuma encanto histórico. Esta institución centenaria lleva el nombre de la antigua línea ferroviaria *Schellfischbahn*, que transportaba pescado del mercado a la estación de Altona. *12.00-24.00 lu y mi-sa, 10.00-22.00 do*

Coctelerías

Katze

19 G1

Pequeño y elegante, este establecimiento se llena de clientes que disfrutan de cócteles a buen precio y música fabulosa (hay baile el fin de semana). Es uno de los más populares de la zona de bares de Schanzenviertel. *13.00-3.00 lu-sa, hasta 24.00 do*

Reh Bar

20 A4

Si se pudiera embotellar el carácter de Altona y convertirlo en bar, el Reh Bar se acercaría mucho. Acogedor y agradable, es ideal tanto para un café matutino como para un cóctel nocturno. Siempre atrae a una clientela divertida y permanece abierto mientras haya gente. *10.00-24.00 do-mi, hasta 2.00 ju, hasta 4.00 vi y sa*

Comprar

Diseño doméstico

Søstrene Grene

21 B4

Sencilla y elegante, funcional y divertida, la oferta de la tienda en Altona de esta cadena danesa rememora la historia marítima compartida del norte de Alemania y la vecina Dinamarca. *10.00-20.00 lu-mi y sa, hasta 21.00 ju y vi*

Wohnkultur 66

22 H2

Lo que empezó como una obsesión por el célebre creador de muebles danés Finn Juhl se ha convertido en un romance con el diseño danés en general. Buena parte de lo que venden en este encantador almacén reconvertido son obras de arte. *12.00-18.00 ma-vi, hasta 16.00 sa*

Ropa de diseño

2nd Fit

23 G2

Tienda de segunda mano a precios asequibles con un gran surtido, por lo que habrá que dedicar tiempo a rebuscar. Al final se paga según el peso total en kilos (no por artículos individuales), así que vale la pena buscar bien para encontrar marcas. *11.00-20.00 lu-sa*

B.Sweet

24 A4

En esta colorida tienda especializada en lencería y chocolates caseros abunda lo divertido y extravagante, desde *negligés* de vivos colores a bombones de sabores únicos, como *limoncello* y *crème brûlée*. *12.00-18.00 ma-vi, 11.00-15.00 sa*

Vintage Revivals

25 G2

Desde carteles de neón a personal hípster, esta tienda *vintage* de Schulterblatt rezuma personalidad. Los estantes de ropa están diligentemente clasificados; nada es necesariamente barato *per se*, sino que el precio depende del diseño y el estado. *11.00-20.00 lu-sa*

MICH
SCHON
MAL
DOCKS
BECK'S
WC
ZUGANG